LYRISCHE LICHTBLICKE
Die Glühbirnen

Ein Jahrbuch
2016 – 2017

Einbandgestaltung: Ulla Cicconi, Wiesbaden
Zeichnungen, Layout: Heliane Meyer, Berlin
Herstellung und Verlag: BoD – Books on Demand, Norderstedt.
ISBN 978-3-7460-1734-1

Vorwort

Liebe Leserinnen, liebe Leser,

die vorliegenden „Lichtblicke" sind das fünfte Jahrbuch der 2007 gegründeten Autorengruppe „Die Glühbirnen". Seit 2013 erscheinen die Werke im eigenen Gedichteforum, dem „Musengarten.com"; Gäste und Mitglieder heißen wir dort herzlich willkommen.
Nach wie vor widmet sich die Gruppe alten und neuen Strophenformen, die sie mit moderner Sprache und aktuellen Inhalten füllt. So findet der an Lyrik interessierte Leser auch in diesem Bändchen wieder Gedicht- und Strophenformen, die aus der aktuellen Dichtung leider fast verschwunden sind.
Wie in den „Lichtblicken" Band I - IV sind auch hier kurze geschichtliche Rückblicke und Einführungen zur Strophenform sowie das viel gelobte und äußerst nützliche Glossar eingefügt.
Wir wünschen viel Vergnügen beim Stöbern.

Heliane Meyer,
Herausgeberin   Berlin, im Oktober 2017

Danksagung

Ich bedanke mich bei den „Glühbirnen" für ihre schönen Gedichte, bei Karlheinz Lang für die sehr hilfreiche Überprüfung des Manuskripts und bei Ulla Cicconi für ihre freundliche Unterstützung bei der Gestaltung des Einbands.
Dank auch an den Verlag BoD für schnelle und problemlose Umsetzung und Druck.

Heliane Meyer,
Herausgeberin

INHALTSVERZEICHNIS

LYRISCHE LICHTBLICKE

KEHRREIME

Die Luft ist raus
Hans Plonka

Die Luft ist raus, die Kraft ist weg,
zurück bleibt nur die schlaffe Hülle.
Sie ist für den Verlust Beleg,
ein Zeichen für verlorne Fülle.

Die Luft ist raus, der Mensch ist schlapp,
nachdem die Kräfte ihn verlassen.
Von seiner Leistung geht dann ab
all das, was er nicht mehr kann fassen.

Die Luft ist raus, das Fass ist leer,
das ganze Bier ist ausgesoffen.
So wie ein Fass kommt jetzt daher,
wer da von Trunksucht war betroffen.

Die Luft ist raus, das Glas ist voll,
ich heb es an zum frohen Zeichen,
dass jeder mit mir trinken soll,
um alle Last und Frust zu streichen.

Die Luft ist raus, ich weiß nichts mehr!
Ich find trotz Mühe keinen Faden!
Mein Speicher gibt jetzt nichts mehr her!
Wer schenkt mir Geist, um aufzuladen?

Lust
Heidi Pichler-Wilhelm

Mein guter Freund, liebst du auch süßen Kuchen?
Ich würde gern mal jenen dort versuchen.
Sieht er nicht toll aus, dort am Kuchentresen?
Nein, gestern war er noch nicht dort gewesen.
So frisch und zart, so schlägt er mich in Bann,
verlockt er mich und zieht mich magisch an.

Ein schöner Mann, der macht zuweilen Kummer,
denn manche Frau wählt heimlich seine Nummer.
Nie hast Du ihn für dich allein gepachtet,
weil jede Frau bei seinem Anblick schmachtet.
So frisch und zart, so schlägt er sie in Bann,
verlockt er sie und zieht sie magisch an.

Wenn Männer spät vom Fußball heimwärts kommen,
ist mancher auch vom Zuschaun schon benommen.
Denn kühles Bier floss wieder mal in Strömen,
sie kann sich wirklich nie daran gewöhnen.
So frisch und zart, so schlägt es sie in Bann,
verlockt es sie und zieht sie magisch an.

Ob Bier, ob Mann, ob süße Leckereien,
so manches Mal muss man sich selbst verzeihen.
Denn Lust zu haben, ist der Menschheit Laster,
doch hilft Humor, dann fällt man nicht durchs Raster.
So frisch und zart, so schlägt es uns in Bann,
verlockt es uns und zieht uns magisch an.

Am Abgrund
Heike Schmidt

Du schreist mich an und tötest meine Seele,
ich bin verletzt und kann es nicht verstehn,
wie sehr ich mich auch mit den Worten quäle,
du hörst nicht zu, es wird bald Zeit, zu gehn.

Ich kann die Liebe nicht mehr halten,
mein Hass wird stärker, jeden Tag.
Dein Schatten will mein Herz erfassen,
egal, wie sehr ich dich noch mag.

Es tut so weh, wenn du dich so veränderst,
dass ich mich fürchte, wer du morgen bist.
Gib acht, dass du nun auf dem Fluss nicht kenterst,
der dich davonträgt und du mich vermisst.

Ich kann die Liebe nicht mehr halten,
mein Hass wird stärker, jeden Tag,
dein Schatten kriegt mein Herz zu fassen,
egal, wie sehr ich dich noch mag.

Viel Zeit verging, das Leben hat mich wieder,
am Abgrund stand ich, müde, schwach und blass.
Mir spielt das Glück nun hoffnungsvolle Lieder,
die Narben heilen, darauf ist Verlass.

Ich muss die Liebe nicht mehr halten,
mein Hass wird schwächer, jeden Tag,
dein Schatten hat mein Herz verlassen,
egal, wie sehr ich dich noch mag.

Cogito ergo sum?
Heliane Meyer

Das Gedächtnis ist das Unzuverlässigste.
Das Gedächtnis ist sogar das Persönlichste,
und es stellt mir Fallen, tausende Fallen
beim Erleben, Denken stellt es mir Fallen.
Cogito ergo sum?

Es versagt mir plötzlich, unangekündigt,
und verlässt mich fristlos, unangekündigt,
ist sofort und immerwährend verloren,
in Sekunden augenblicklich verloren.
Cogito ergo sum?

Der gerade beste Einfall ist wertlos,
er verfliegt im Nu, ist vollkommen wertlos.
Ist im Nu, sofort und schnellstens verschwunden,
ganz verloren, wertlos, plötzlich verschwunden.
Cogito ergo sum?

Das besonders Große, Fundamentale,
ja, das vorzugsweise Fundamentale,
hintergeht mich immerwährend und schäbig,
es verendet niederträchtig und schäbig.
Cogito ergo sum?

Der verzagte Mensch muss ständig notieren,
auf Papier mit Bleistift alles notieren.
Muss sein Schicksal stets und ständig erdulden,
hat Papier und Bleistift stets zu erdulden.
Cogito ergo sum?

Die alte Eichenallee
Ilona Pagel

Im Spielchen aus Lichtern und Schatten
gesprochen den Vers von Lütt Matten.
Das grünende Dach über unserem Kopf,
so schritten wir hin mit geflochtenem Zopf.
Lütt Matten, de Has, de maak sick een Spaß.

Im Schutz der Allee mit den alternden Eichen,
da mussten wir selten Gespannen ausweichen.
Und kam dann ein Regen als donnerndes Wetter,
da trommelten Tropfen auf Äste und Blätter.
Lütt Matten, de Has, de maak sick een Spaß.

Und krachte es fürchterlich laut in den Zweigen,
kein Grund nun für uns, deshalb ängstlich zu schweigen.
Erfanden aus Spaß dann auch Gruselgeschichten
von hässlichen Zwergen und winzigen Wichten.
Lütt Matten, de Has, de maak sick een Spaß.

Ersannen Gestalten aus dunkelster Gegend,
denn jedes Getier war nun furchterregend.
So wurden die Pfützen zu Flüssen und See,
wir Jäger und Sammler von Käfern und Klee.
Lütt Matten, de Has, de maak sick een Spaß.

Die Eichen, auch heute noch stehen am Ort,
sind treue Begleiter, auch Schutzdach und Hort.
So säume ich liebentlang früherer Zeiten,
sie tragen hinfort in besinnliche Weiten.
Lütt Matten, de Has, de maak sick een Spaß.

Der Zauberberg
Karlheinz Lang

Kennst du den Berg, den hohen Berg
Im Meer vor Thrakiens Küste?
Auf dessen Gipfel sitzt ein Zwerg,
Tut so, als ob er wüßte,

Was in dem Berg, im tiefen Berg,
Verborgen sei an Schätzen.
Das Wasser rauscht, es lauscht der Zwerg,
Die Wassermassen wetzen

Den harten Stein, den edlen Stein,
Und schleifen ihn zu Wannen.
In diese Wannen steigen rein
Und wolln das Alter bannen.

Der lahme Mann, die spröde Frau,
Nackt badend in den Güssen.
Wenn sie ein Weilchen dort verharrn,
Beginnen sie zu küssen.

Mänaden und den Satyrn gleich,
Entsteigen sie dem Wasserreich,
Verjüngt-verrückt, aufs Lieben aus,
Ziehn sie in Wald und Flur hinaus...

Trachyt, Granit und Marmelstein,
Hier wird der Greis zum Trüffelschwein:
Die frisch Getauften wälzen sich
Verzückt, verrückt im Wegerich!

Kennst du den Berg, ins Meer entrückt,
Der Mann und Frau so wild beglückt?
Der Zwerg vom Berg, weiß zwar nicht viel,
Doch die Verführung ist sein Ziel

Am Berg der Korybanten,
Den Wissende einst kannten!

Es war einmal
Luzie Rudde

Es war einmal vor langer, langer Zeit,
die Welt zerklüftet, öd und leer.
So lasen wirs dereinst im Buch der Bücher,
von Diesem, Jenem, Vielem mehr.

Es war einmal vor langer, langer Zeit,
so fangen stets die Märchen an.
Wir Kinder lauschten still und atemlos,
erlagen staunend ihrem Bann.

Es war einmal vor langer, langer Zeit,
da lernten wir das ABC,
wir wurden klüger, doch wohl nicht im Nu,
und mancher nur mit Ach und Weh.

Es war einmal vor langer, langer Zeit,
der Kindheit waren wir entflohen,
der Ernst des Lebens für uns nun begann;
vorbei die Tage, diese frohen.

Es war einmal so weit, es kam die Zeit,
zur Übernahme steter Pflichten;
freiwillig manchmal, oftmals auch durch Zwang,
ein jeder könnte wohl berichten.

Es kommt gewiss für uns einmal die Zeit,
da wird man uns zu Grabe tragen
und irgendwann wird dann ein Enkelkind
auf unser Leben blickend sagen:

"Es war einmal vor langer, langer Zeit"

Spielkind
Ralf Schauerhammer

Im Grunde war das Leben ihr ein Spiel.
Es musste alles leicht sein und bequem,
und dass sie klug und schön war und gefiel,
war selbstverständlich und recht angenehm.

Sie war umschwärmt und allseits sehr beliebt.
Im Grunde war das Leben ihr ein Spiel,
sie ahnte nicht, dass es auch Sorgen gibt,
und sah sich stets gewinnen und am Ziel.

Sie wählte Partner streng nach Chic und Stil,
doch keiner hat ihr wirklich Glück gebracht.
Im Grunde war das Leben ihr ein Spiel,
bei dem man würfelt, Karten mischt und lacht.

Und als sie schwanger ward und in der Nacht
das Kind verlor, verlor sie viel,
zu viel, und hat sich umgebracht.
Im Grunde schien das Leben doch ein Spiel.

THEMA:
(un)möglich – (un)wahrscheinlich

Wahrscheinlich möglich
Hans Plonka

Wahrscheinlich ist ein Schein von Wahr,
und Möglich war schon irgendwo,
und beides sehen wir nicht klar,
Erkenntnis fehlt uns sowieso.

Unendlich ist die Dimension
von Möglichem in Ewigkeit,
in der erstaunt uns Abstraktion,
in jeder Richtung nah und weit.

Wahrscheinlich ist, dass Geist mit Kraft
die Wirklichkeit der Welt durchdringt,
und dies ist dann auch Wissenschaft
für Wesen, dem Verstehn gelingt.

Was möglich ist, war und wird sein.
Wird es erkannt vom Geist, der lebt,
verbindet Wesen sich mit Schein,
der all, was wirklich ist, durchschwebt.

Es kann doch nicht unmöglich sein,
das, was im Geist von Wesen wirkt.
Doch vieler Wesen Geist ist klein,
weshalb sich Wirkung ihm verbirgt.

Was unwahrscheinlich für uns ist,
beinhaltet auch Möglichkeit.
Als Fahne wird sie dann gehisst,
wenn Not dafür macht reif die Zeit.

Dort, wo Unmöglichkeit besteht,
dort ist die Grenze allen Seins.
Dies ist dann Nichts, wo nichts mehr geht,
ich denk ansonsten gibt es keins.

All dies, was ich behauptet hab,
ist wirklich nur für jenen Geist,
dem ich damit Erkenntnis gab,
so dass er mit mir geistig reist.

Soll i aus dem Haus raus
Heidi Pichler-Wilhelm

Möglicherweise käm ich vielleicht raus,
andrerseits wär`s mir ein Graus!
Unmöglich ist's nicht,
jedoch bin ich nicht sehr erpicht.
Denk für mich leise
„Möglicherweise".
Möglicherweise nun könnt ich bei Regen
draußen mich freier bewegen,
könnte auf Kohlblättern jagen,
Erdbeern benagen.
Aber da draußen im Garten,
stehen die Menschen mit Spaten.
Möglich dann, ohne Erröten,
wolln sie am Kohlblatt mich töten,
könnt nicht entfliehen,
werde die Schleimspur verziehen.
Bleibe im Haus.
Mensch! Oh ein Graus!
Aus!

Ist's möglich?
Heike Schmidt

Es gibt die Möglichkeit, zu spekulieren,
es scheint viel möglich, doch warum
muss jemand Geld mit Leichtsinn investieren?
Fehlt der Gewinn, nimmt er es krumm.

Mit sehr viel Geld ist er ja noch nicht glücklich,
die Habgier gibt doch niemals Ruh,
wahrscheinlich wär die Freude augenblicklich
getrübt und der Verdruss nimmt zu.

Oft wird der Mensch durch Irrtum klüger,
Verstand kommt irgendwann zurück.
Er spendet dann den armen Leuten lieber
und findet so den Weg zum Glück.

Ich würd mich freun, wenn dies kein Märchen wäre,
und wünschte mir Wahrscheinlichkeit.
Erwarte darum Spenden vieler Millionäre
und auf den Beweis zur Zeit.

Nit mööglich?
Heliane Meyer

Ein Clown ist böse? Kann das sein?
Er ruft ins Rund „Nit mööööglich",
und lacht und tanzt auf einem Bein -
ich halt's für schier unmöglich.

An Halloween wird Ärger laut,
scheint Panik höchst wahrscheinlich.
Der Clown brächt Ängste, Gänsehaut –
ist's wirklich unwahrscheinlich?

Die Medien rufens laut im Chor,
es sei das Schlimmste möglich.
Wer dies nicht glaube, sei ein Tor,
rein gar nichts wär unmöglich.

Hat Satan seine Hand im Spiel?
So manchem scheint's wahrscheinlich.
Ein Clownkostüm, das zeigt nicht viel -
Erkennen unwahrscheinlich.

Der alte Brauch wird schlecht kopiert,
die Masken machen's möglich.
So fühlt manch „Clown" sich motiviert,
was keinesfalls unmöglich.

Es wächst heran manch böse Macht,
bedroht uns höchstwahrscheinlich.
Schleicht hinterlistig Nacht für Nacht -
es scheint nichts unwahrscheinlich.

Kommt unser Clown in Misskredit,
der fröhlich ruft „Nit mööööglich"?
Ist er ein Bösewicht, Bandit?
Ich halts für schier unmöglich.

Mögliche Nebenwirkungen beim Arztbesuch
Ilona Pagel

Möglich ist's, der Todeskampf hat längst bei mir begonnen?
Noch bevor der Arzt sich meines Beinbruchs angenommen,
sagt die Schwester:„Lassen sie sich gegen Grippe impfen,
sie sind alt, gehören nicht mehr zu den jungen Pimpfen.

Wenig hörte ich von unerwünschten Resultaten:
Hustenkrämpfe, Nesselsucht sind selten zu erwarten.
Oftmals klagen Alte über Schmerzen in Gelenken,
Fieberflecke, Atemnot - darauf dürfte sich's beschränken.

Sollten schwere Leiden danach ungewöhnlich plagen,
rate ich zum Arzt ins nächste Krankenhaus zu jagen.
Unsre Praxiszeiten, liebe Frau, sind sehr bescheiden,
langes Stehen mit gebrochnem Bein ist zu vermeiden".

Schweinkram
Karlheinz Lang

Möglich wär's, doch nicht wahrscheinlich,
Dass ein Schwein, erzogen reinlich,
Nachts, auch wenn's ihm eher peinlich,
Einen Nachttopf ganz klammheimlich
Nähme, und sich darauf setzte,
Dessen Rand dabei benetzte;
Wie gesagt, das wär ihm peinlich,
Möglich, ja, doch nicht wahrscheinlich!

Märchenhaftes Lied
Ralf Schauerhammer

Ich sing ein märchenhaftes Lied,
und das Unmögliche geschieht.

Der Riese wird zum kleinen Zwerg,
das Meer zu einem hohen Berg.
Der Frosch wird Prinz durch einen Kuss.
Der gute Mensch gewinnt zum Schluss.
Zum König wird der Bauernsohn.

Der Brave kriegt gerechten Lohn.
Im Bergesinneren strahlt ein Licht,
und an der Wand der Spiegel spricht.
Ich sing ein märchenhaftes Lied,
und das Unmögliche geschieht.

Die Kutte wird zum schönsten Kleid.
Ein Schritt wird sieben Meilen weit.
Der Dumme fliegt in einem Boot.
Aus Stroh wird Gold, aus Stein wird Brot.
Das kalte Herz wird Marmorstein.
Den Geist sperrt eine Flasche ein.
Der Beutel ist dukatenschwer
und wird bei Tag und Nacht nicht leer.
Ich sing ein märchenhaftes Lied,
und das Unmögliche geschieht.

Rapunzels Träne gibt zum Glück
dem Prinz das Augenlicht zurück.
Die kleine Hütte wird zum Schloss.
Ein Fischlein spricht, es fliegt das Ross.
Der Teppich schwebt ins ferne Land.
Der Becher füllt sich bis zum Rand.
Und kommt die gute Fee vorbei,
hast du drei kluge Wünsche frei.
Das alles und noch mehr geschieht
in meinem märchenhaften Lied.

SONETTE
Thema: Liebe

Liebestraum
Hans Plonka

Im Menschenstrom hab ich Dich einst gesehen.
Du warst für mich so wie der Glanz von Sternen.
Ich blieb Dir nah, ich konnt mich nicht entfernen.
Im Augenblick war es um mich geschehen.

Dir nah zu sein, das konnte mich beglücken.
Ein Blick, ein Wort von Dir hat mich entzündet.
Ich fühlte Glück, das mich mit Dir verbindet.
Dass Du mir nah warst, konnte mich entzücken.

Noch immer spür ich Deine ersten Küsse.
Sie waren wie geschenkte Hochgenüsse,
in einem Schlaf, der mich in Träume brachte.

Du und die Träume haben mich begleitet,
sie haben gute Zeiten uns bereitet,
aus welchen ich bis heute nicht erwachte.

Das Hohelied der Liebe...
Heidi Pichler-Wilhelm

Die Liebe, sie ist freundlich, kann vergeben,
sie bläht sich nicht und kann so viel ertragen,
will stets nur alles Gute tun und sagen
und ist ein fernes Ziel, doch zu erstreben.

Hätt ich die Liebe nicht, nicht das Bestreben,
doch alles Wissen für die großen Fragen,
warum wir leben, könnte alles sagen,
wär dennoch ich nur tönend Erz im Leben.

Will man dann doch nach dieser Liebe streben,
erlebt man oftmals Rückfall und Verzagen,
zu viele haben früh schon aufgegeben.

So stellen bald sich viele neue Fragen,
doch kommt dann Gottes Liebe in dein Leben,
so kann's geschehn und du kannst Liebe wagen.

Wahnsinnige Liebe
Heike Schmidt

Er will in Frauenarmen Liebe finden,
verzweifelt sucht er nach dem wahren Glück,
doch nur der Wahnsinn kommt zu ihm zurück,
wenn ihre Leiber sich in Sünde winden.

Ja, sie ist schuld, wenn ihm die Sinne schwinden,
Versprechen locken in dem Augenblick,
er glaubt, es wär des Teufels böser Trick,
nur so kann er vor Gott sein Tun begründen.

Vergebens klingt an seinem Ohr ihr Flehen,
er muss in diesen Augen Wahrheit sehen,
doch spiegelt sich darin das wilde Tier.

Und wieder ist ein schöner Stern gefallen,
er glaubt, es war der liebste ihm von allen,
wenn sie verlöschen, endet seine Gier.

Meine große Liebe
Heliane Meyer

„Umarme mich, du molligweiche Reine,
erwärme zärtlich meine kühlen Glieder,
verwöhne mich mit Duft vom weißen Flieder –
umfange meine Arme, Brust und Beine.

Wenn du wirst langsam feucht beim Stelldicheine,
verstummen meine frohgemuten Lieder.
Ich drücke, stauche, dreh dich immer wieder -
du wehrst dich nicht, am Ende bist alleine.

Du konntest mich nur kurze Zeit verwöhnen,
und bist du fort, wird rasch ein andres kommen -
das Neue, frisch und duftend Zarte, Feine.

Wir werden uns gewiss alsbald versöhnen,
am kühlen Morgen bist mir höchst willkommen ..."
Jetzt hängt mein Handtuch an der Wäscheleine.

Wandelbare Liebe
Ilona Pagel

Die erste Liebe blühte ungeübt
mit Händchenhalten, Kuss und Treueschwur.
Sie ankert fest im Herzen, ungetrübt.
Die Zweite brannte heiß und folgte nur
der Fleischeslust. Als sie verglomm,
erwuchsen neue stets um diesen Preis.
Verzweifelt kämpfte ich, bestimmt nicht fromm,
zerschmolzen in der Hand das Erdbeereis.
Dann kam die späte Liebe mir ins Haus.
Gereift, von Stund auf Stund mit Fleiß gewebt,
war sie den andern Lieben weit voraus.
Damit die Lieb zur Liebe sich erhebt.

Betrüg dich nicht um dieses schöne Bild,
wenn Rechenschaft es abzulegen gilt.

Aug in Auge
Karlheinz Lang

So schön Du bist – Dich werd ich ewig hassen!
Du Alb des Tagtraums kamst mir allzu nah,
zu tief ich Dir ins tote Auge sah,
Dein Opfer, mich, wolltst Du erblassen lassen!

Du stiegst auf mich - so konntest Du mich fassen -
am Halse drücktest Du - am Kehlkopf – da.
Als Weib getarnt erschienst Du mir - ganz nah.
Dein Auge war´s, ich werd es immer hassen!

Und nimmer werd ich Dich vergessen – nimmer.
Vergessen sucht ich, doch es ward nur schlimmer:
Nach unten zog Dein Auge mich - nach unten!

Dein Blick sich bohrend in mein Auge ätzte,
mich tief, ganz tief, im Innersten verletzte!
So bitter-süß Dein Aug in meinen Wunden!

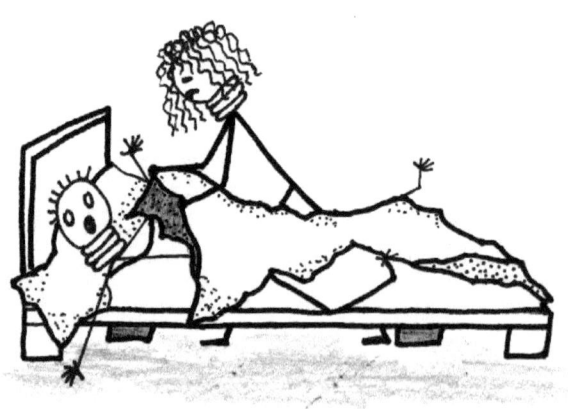

Love-Maker
Ralf Schauerhammer

In Posen, die an Akrobatik grenzen,
betreiben sie das, was sie Liebe nennen:
Sie schlucken Feuer, ohne anzubrennen,
und ihre Liebe misst sich in Potenzen.

Ihr Liebe-Machen ist wie Krieg, ein Drängen,
bei dem die rohen Triebe dominieren,
verfangen im Begehren und Begieren,
gleich Feinden, die im Blutrausch sich vermengen.

Sie lieben sich, sich selbst vor allen Dingen,
wenn sie umspinnend sich den Spaß bereiten,
als Larven im Kokon der Eitelkeiten.

Doch manchmal träumen sie von Schmetterlingen,
die sich im Hauch des Flügelschlags berühren
und sonnenstrahlentrunken aufwärts führen.

ALKÄISCHE ODENSTROPHEN

Das Ende der Kinder
Hans Plonka

Auch Kinder altern. Blüten zerstört der Sturm.
Manch Stürme wüten Leben verwirbelnd rasch.
Was jung ist, altert kläglich schrumpfend.
Schönheit der Jugend ist kurz und flüchtig.

Einst spielten Kinder fröhlich im Sonnenschein.
Sie wurden älter, mussten dann einsam sein.
Nur kurz sind sorglos ihre Zeiten.
Jung wird betagt und verschwindet sterbend.

Nach der Nacht
Heidi Pichler-Wilhelm

Zur frühen Stunde färbt sich der Himmel zart,
ein Tag erwacht, noch frisch ist die klare Luft.
Ich atme morgendlichen Frieden,
Vogelgezwitscher dringt an mein Ohr.

Antigone
Heliane Meyer

Die stolze Schöne, unbeugsam, mutig, stark,
beschützt den Vater, hilft ihm aus tiefer Not,
begräbt den Bruder, Gott zu ehren.
Grausam, im Dunkel verlöscht sie, einsam.

Sie beugt sich nicht dem strengen Gesetz der Macht,
aus tiefer Liebe ehrt sie das gleiche Blut.
Erträgt das gnadenlose Urteil,
furchtlos vereint mit dem Gott, dem Bruder.

Auf der Schaukel
Ilona Pagel

Das Kinderlachen! Dieses Vergnügen glänzt
in großen Augen, Leuchtfeuer voll Magie
in unbeschwertem Spiel gezaubert.
Ja, das Entzücken entflammt die Herzen.

Verjage Kummer, lache das Lachen stets
der Kindertage, lasse es nie vergehn.
Und hörst im Traum du Englein flüstern,
glaube an ewige Kindheitsträume.

Das Leben sucht nicht, nicht die Momente nur,
die Freude schenken. Leben erfährst du, jetzt,
in diesen kurzen Augenblicken.
Schaukel die Höhen des Lebens hinauf.

Das Staunen können, Gnade der Kinderwelt,
die Träume zulässt. Uns in die Zukunft führt.
Erwachsen kommt die Lebensphase
voller Verlangen, den Durst zu stillen.

O heitre Kinder, lachende Kinder, wie
behütet ihr mich, Leben als Last zu sehn.
Und gerne möchte ich stets sagen:
Lebt ich wie Kinder und brauchte nichts mehr.

Dreistes Verlangen
Karlheinz Lang

Der Dichter an die Musen:

"Bis morgen früh um Acht, Ihr Begnadeten,
Schickt rasch ein Lied zum eignen Genusse mir,
Das süßer noch als Wein vom Fasse
Blumig und mild sodann mich labe!"

Musenchor im Dichterohr:

"O Dichter, dem Euterpe ins juckend Ohr
Sanft bläst, du pfeifst doch einsam im Walde nicht?
Dir wird schon früh das Rettende, das was
Allzeit dir hilft, ein Gedicht, geflötet:

Berausche dich, o Sänger der Zwischenwelt!
Behaglich leg dich, da uns dein Müßiggang
Noch nie besonders störte, nieder,
Lausche und horche und dann genieße..."

Verhext
Ralf Schauerhammer

Du kleine Hexe, zufällig traf dein Blick,
ein Zauberblitz aus heiterem Angesicht
ins Mark, nun brenne ich auf deinem
Herzen entflammenden Scheiterhaufen.

SCHÜTTELREIME

Betrogen
Hans Plonka

Geld gab ich oft als Dank für Liebe,
dies dauerte zu lang für Diebe.
Ich dachte nur an meine Sache,
dies war fast jedem seine Mache.
Als Diebesgut die Hosen beulte,
war ich es, der in Posen heulte.
Nichts füllte mir den leeren Magen,
als Diebe froh an Meeren lagen.
Ich wünschte ihnen Magenleiden,
sie sollten solche Lagen meiden.

Keine Sternentaler
Heidi Pichler-Wilhelm

Die Meyers fuhrn samt Radel munter
vom Berge hoch, mit Madel runter.
Sie konnten noch mit Lachen fliegen,
dann blieb Marie im Flachen liegen.

Das Heimathaus gar ferne stand,
den Weg sie durch die Sterne fand.
Den Mantel, der stets lose hang,
verschenkt sie samt Hose lang.

"Jetzt geb ich her all meine Sachen,
der liebe Gott solls Seine machen.
Ich will der Sterne Golde haben
und nehme gerne holde Gaben."

Doch da ward Licht. Die Maid erwacht,
die Eltern haben weiter Macht.
Die Knochen aus den Wadeln ragen,
Marie wird kaum mehrs Radeln wagen.

Verlogenes Glück
Heike Schmidt

Vor Arbeit sich sein Glücksschwein drückte,
auch kein Versuch beim „Drück's Schwein" glückte.
Will dich zu meinem Heile backen,
doch nicht mehr mit dem Beile hacken.
Dein Pech wird sein, du träge Sau,
dass ich der neuen Säge trau.
Die schenkte mir Frau Tina Chown,
die wohnt zur Zeit in China Town.
Dort soll sie reichen Scheichen winken,
kriegt sehr viel Geld für weichen Schinken.
Das Schweinchen quiekte „gu demeiner"
in Menschensprache: Du Gemeiner.

Auf dem Bauernhof
Ilona Pagel

Auf dem Hofe rasen Hennen
und im Stall die Hasen rennen.
Doch sollen Hühner Läuse meiden,
nur Katzen können Mäuse leiden.

Der Hund, ein echter Wadenbeißer,
ist sauber, denn zu baden weiß er.
Der Bua, der gerne Biere trinkt,
nur Wasser für die Tiere bringt.

Der Bayernhengst trägt Lodenhose,
dort hängen ihm die Hoden lose.
Da dieser wollt vom Zügel flüchten,
tat Sepp jetzt nur Geflügel züchten.

Rat besondrer Art
Karlheinz Lang

Hier mein Rat an Minderheiten:
Bitte stets die Hintern meiden!
Ebenfalls die Griechensausen,
Bringen Sie doch Siechen Grausen!
Tanzen auf dem Rasen Nymphen,
Bloß nicht gleich die Nasen rümpfen!
Meist besiegt die klasse Blöße
Eh der Männer blasse Klöße!

Schüttelschwäche
Ralf Schauerhammer

Sie dachte, es sei reine Minne,
ihm ging's um die gemeine Rinne.
Er küsste seiner Röschen Mund,
da wurde ihr das Möschen rund.

Sie war bis in die Feige geil,
drum bot er ihr die Geige feil.
Doch stets beim auf die Fiedel schnallen
ließ er erschlafft den Schniedel fallen.

QUERREIME

Im Hain
Hans Plonka

Ich geh durch einen grünen Hain,
dort war mein Liebesglück.
Was einmal war, kommt nicht zurück,
es müsst ein Wunder sein.

Es ist ein Traum, der längst vorbei,
von einem Paradies,
der mich das Glück erleben ließ,
weitab von Wüstenei.

Ich träumte oft von meinem Glück
in Hainen, immerzu,
denn meine Traumfee, das bist Du.
Ich will zu Dir zurück.

In Deinen Armen möchte ich sein,
dies wär mein Paradies,
das mich mein Glück erleben ließ,
mit Dir mein Schatz allein.

Ach!
Heidi Pichler-Wilhelm

Ach, die Menschheit brüllt sich wieder blöde!
Nebeldunst-Informationen
spalten nun die Menschen und Nationen.
Große Mäuler sind nicht spröde.

Denn sie streben wieder zu Krawallen,
stiften Zank und wollen streiten,
Frustvolk soll für sie den Kampf begleiten,
lassen Fake News bieder wallen.

Faktenfrei scheint heute die Devise,
keiner will sich informieren,
nur mit dummen Sprüchen rumstolzieren,
so zieht man in jede Krise.

Nach der Wahrheit gibt's kaum noch Verlangen,
Dschungelcamps gibt's für die Deppen,
Menschenliebe und Kultur versteppen
und mein Herz erfüllt ein Bangen.

Lasst uns neu besinnen auf die Tugend,
dass Borniertheit uns nicht blende.
Hassgeschwätz ist jedes Volkes Ende
und kein Vorbild für die Jugend.

Seifenblasenglück
Heike Schmidt

Du glitzerndes Juwelenreich
aus zartem Seifenkleid,
ein Lachen froher Kinderzeit
wirkt deinem Zauber gleich.

Erinnerung kommt mir zurück,
was mich so fröhlich macht,
ein Blick in deine Farbenpracht
schenkt meiner Seele Glück.

Du spiegelst Freude in mein Herz,
woran mir's lang gebrach,
verträumt schau ich dir lange nach,
dann schwebst du himmelwärts.

Gute Vorsätze
Heliane Meyer

Fürs neue Jahr hab ich mir vieles vorgenommen:
Das Weinglas bleibt auf Dauer leer,
ich kauf mir keine teuren Zigaretten mehr -
das wird der Lunge gut bekommen.

Mein Fahrrad lasse ich vom Fachmann reparieren,
den Boxball häng ich wieder auf,
mach täglich einen ausgedehnten Dauerlauf,
muss Selbstschutz unbedingt trainieren.

Mein Speiseplan wird einzig Früchtekost enthalten,
denn Schmerz empfinden Rind wie Schwein.
Ich möchte niemals wieder Mörderdulder sein
und ändre strikt mein Essverhalten.

Ich lasse meine Säfte gründlich untersuchen,
gesund zu sein, hat Konjunktur.
Drum achte ich in Zukunft streng auf die Figur,
verzichte gern auf Sahnekuchen.

Mein Sprachverstädnis werd ich aktivieren,
beim Spanisch fang ich wieder an
und hänge neu Chinesisch nebst Japanisch dran,
werd jede Prüfung absolvieren.

Ein Gläschen Riesling wird mich ganz bestimmt nicht töten,
auch eine Zigarette nicht.
Aufs Fahrrad bin ich jahreszeitlich nicht erpicht,
der Boxball scheint mir nicht vonnöten.

Der Dauerlauf ist wettermäßig arg beschwerlich,
zum Selbstschutz kauf ich mir ein Spray,
dem allzu strengen Speiseplan sag ich Ade,
auch Arztbesuche sind entbehrlich.

Mein Sprachenwissen scheint mir völlig auszureichen,
drum fang ich nicht zu pauken an.
Ich buche einen Bildungstrip mit Drum und Dran
und mops mich fröhlich, ohnegleichen.

Ich habe einen schönen Masterplan entwickelt,
erfolgreich drüber nachgedacht.
Das Neue Jahr wird gut, das wäre doch gelacht,
denn meine Tage werden nicht gestückelt.

Der Sturm
Ilona Pagel

Der Sturm befreit aus tiefstem Grab,
erhebt sich wie ein Heer,
und Schimmel steigen aus dem Meer,
sie eilen schon im Trab.

Die Erde bebt, das Land zerbricht,
ein Dröhnen liegt im Klang.
Zertreten alles, was solang
der Mensch an Land gericht.

Das Leben draußen auf dem Meer,
zertrümmert liegts am Riff.
Die Rösser holen Mensch und Schiff,
auch beten hilft nichts mehr.

Ein Mädchen schlüpft ins Hochzeitskleid
als blondgelockte Fee.
Und mit dem Wind, so scheint ihr Weh
versöhnt mit allem Leid.

Die Fischer finden sie am Strand
und nehmen sie an Bord.
Zur Ruh gebettet an dem Ort,
an dem sie Liebe fand.

Noch gestern lag am goldnen Strand
ein jung verliebtes Paar.
Sie strich ihm übers dunkle Haar
und träumt vom Ehestand.

The Last Trumpet
Karlheinz Lang

Nicht klüger als die Urzeitmenschenpenner,
So meinen Endzeitschranzen,
Derweil sie blind um goldne Kälber tanzen,
Sind heute Zukunftskenner.

An deiner Hand
Ralf Schauerhammer

Wenn sich das Tal im Dämmerschatten kauert
und nur die Wipfel reckt,
die Wiese, vor der kalten Nacht versteckt,
in Nebelschwaden lauert,

wenn erste Strahlen Wipfel zart berühren,
noch himmelwärts gewandt;
dann spüre ich, du reichst mir deine Hand,
um durch den Tag zu führen..

RITORNELLE

Die Elemente
Hans Plonka

Stoffe der Welten
sind Elemente, stark und mächtig
für jene, die durch sie was gelten.

Fruchtbare Erde
ernährt und spendet Wesen Schätze,
damit das Leben schöner werde.

Fließendes Wasser
durchwandert Meere, Wolken, Flüsse,
vernebelt, eisig oder nasser.

Glühende Kohle
erwärmt das Blut und gibt uns Stärke.
Dies dient dem Menschen oft zum Wohle.

Stürmische Winde
begleiten Wesen über Zeiten
der kranken Alten und dem Kinde.

Wirkende Kräfte
erzeugen Leben, Tod und Streben.
Dies alles fließt im Kreis der Säfte.

Christrosenblüte
Heidi Pichler-Wilhelm

Christrosenblüte
Mit lichtem Gewand trotzt du dem kalten Tod.
Du schenkst mir Hoffnung. Ich vertrau der Güte.

Eisblume
Heike Schmidt

Eisblume du Weiße!
Du lockst mich kühl mit schmelzend zarten Tränen,
ich gehe schweigend mit dir auf die Reise.

Eisblume du Schöne!
Dein Zauber lässt die Wirklichkeit vergessen,
auch meine Schuld am Tod der Frau, der Söhne.

Eisblume du Milde!
Ich will noch einmal ihre Augen küssen,
so forme mir vertraute Frostgebilde.

Eisblume du Kalte!
Du blühst nur, weil vor Sehnsucht ich erfrierend
das Leben dir mit letztem Hauch erhalte.

Lebensfaden
Heliane Meyer

Frostiges Schütteln
gefolgt von quälend heißen Fieberträumen
und Ohnmacht, sich dagegen aufzubäumen.

Schmerzende Schwäche
der glühend schweißen Stirn, der matten Glieder,
bezwingt den Körper, schließt die schweren Lider.

Lastendes Rauschen
verhindert lärmend jedes müde Ringen
und droht, den schlaffen Körper zu bezwingen.

Blassende Träume
verführen tanzend, zarte Nebelschwaden
umschmeicheln, zupfen sanft am Lebensfaden.

Brennende Sehnsucht
durchs weite Tor zu schweben, Ruhe finden,
mit bauschen Wolken Wohligkeit verbinden.

Lockendes Singen
und engelflügelleichtes, kühles Fächeln
verheißen Leichtigkeit und Glück und Lächeln.

Endlich erwachen.
Die Parzen saßen lange zu Gericht -
und Atropos zerschnitt den Faden nicht.

Brandig
Karlheinz Lang

Offene Wunde -
Du glaubtest, sie durch Rat, durch Tat zu schließen?
Die Zeit verging, doch lockt das Blut die Hunde!

Noch ne Runde
Ralf Schauerhammer

Ich bin in meiner Kneipe.
Die immer da sind, sind schon da, ganz klar,
dass ich noch etwas in der Kneipe bleibe.

Ich trink ein Gläschen Bier,
der Wirt hat es gerade frisch gezapft,
ich bleibe nur ein kleines Weilchen hier.

Ich trink ein Gläschen Sekt,
und geb der blonden Mary einen aus,
weil sie ihn gerne trinkt und weil's mir schmeckt.

Ich trinke einen Wein,
denn Egon sagt, die Runde geht aufs Haus,
gleich wird er singen: Einer geht noch rein!

Ich trinke einen Schnaps
auf Egons Wohl, der nur noch lallen kann,
und gebe Mary zärtlich einen Klaps.

Ich trinke noch ein Bier
und dann erzähl ich meinen Standardwitz,
bevor ich zur Toilette balancier.

Ich trinke einen Korn,
es fängt sich langsam alles an zu drehn.
Und nun das Ganze noch einmal von vorn…

FREI NACH RINGELNATZ
Thema: Alltagsgegenstände

Die Reiseuhr
Hans Plonka

Ein Mädchen hatte eine Uhr,
mit der ging es auf große Tour.
Die Uhr, die blieb auf einmal stehn,
sie wollte nicht mehr weiter gehn.

Der kleine sprach zum großen Zeiger:
"Es ist nicht so, dass ich mich weiger...
Zwar brauch ich nicht so schnell zu laufen,
und hab kein Haar, um es zu raufen,
doch treibt mich nichts mehr in die Runde,
um anzuzeigen jede Stunde."

Da stöhnt die Batterie vor Schwäche:
"Aus mir da laufen Säurebäche!"
Der große Zeiger protestierte,
weil sich doch sowas nicht gebührte.
"Wer undicht ist, muss sich entfernen,
was sich gehört, das muss er lernen!"

Und die Moral: Ich werd's belichten,
ich will ja hier kein Blödsinn dichten.
Die Maid, die auf ein Ticktack lauschte,
danach dann gleich das Gangwerk tauschte,
ließ ihre Uhr nicht länger stehn,
so konnt die Reise weiter gehn.

Ménage-à-Troi
Heidi Pichler-Wilhelm

Frau Toastbrot sehnte sich stets sehr
die innere Verschmelzung her
mit einem Teil von Herrn von Käse,
doch dieser liebt Frau Mayonaise.
Des Schicksals Hand, das alles weiß,
nimmt nun den Toastlaib still und leis,
derweil es diesen zitternd schauert,
weil es ihm viel zu lange dauert
und legt Herrn Käse oben auf.

So nimmt das Schicksal seinen Lauf.
In einem Ofen, einem heißen,
beginnen beide zu verschweißen.
Der Käse dringt durch alle Poren,
des Toastes Unschuld geht verloren,
und schließlich, goldiggelb als Paar,
vereint, verschmolzen ganz und gar,
küsst beide zart Frau Mayonaise.
Dann aß die Drei ein Irokese.

Das unschuldige Fallbeil
Heike Schmidt

Ein Fallbeil steht im Museum herum,
man nennt es auch Guillotine,
es war mal ein stolzes Unikum,
eine gefragte Mordmaschine.

Es träumt schon seit langem Nacht für Nacht
von manch grausigem Spektakel,
doch leider wird es ständig bewacht
von einem Mann mit dem Namen Pinakel.

Jeden Abend legt er den Kopf voller Lust
in die Mulde, um etwas zu schlafen.
Sein Schnarchen sorgt bei dem Beil für Frust -
es würde ihn gerne bestrafen.

Da knuspern zwei Mäuschen am Seil herum,
sie machen dies schon seit Tagen,
„Der Wachmann nimmt es sicher nicht krumm",
hört man leise das Fallbeil sagen.

Zwischenmahlzeit
Heliane Meyer

Sie glänzte nur dezent, nicht ordinär,
nicht Rot, nicht tristes Braun, war elegant,
und liebte ihre stolze Farbe sehr.
Sie gelbte nämlich vornehm, arrogant,
stand kerzengrad mit exquisitem Schwung.
Drum sah sie auf die Runden stets herab,
das gab ihr im Vergleich Befriedigung;
Gespräche hielt sie darum äußerst knapp.

Ein Knabe kam, brach ihr Genick,
zerriss ihr Gelbes mit Geschick
und ignorierte den Protest,
biss lüstern zu, ließ keinen Rest,
genoss sein weiches, süßes Mahl.
Das Gelbe war ihm schnurzegal,
entsorgte rücksichtslos das Teil
und eilte fort in Windeseil.
Kurz drauf nahm er den Weg zurück
und flugs verließ ihn trautes Glück:

Ich sah es kommen, warnte barsch -
da lag er jammernd auf dem Arsch.

Beschaulichkeit
Ilona Pagel

Das stille Örtchen, sehr vertraut,
wo Mutter in den Spiegel schaut,
der Vater seine Zeitung liest
und wenig Licht durchs Fenster schießt.

Dort hat die Frau sich hübsch gemacht
und klagt: „Ojeh, es stinkt und kracht",
beäugt den Dutt auf ihrem Kopf –
der Alte sitzt noch auf dem Topf.

„Der Knoblauch ist im Preis gestiegen,
ich schau, dass wir noch Knollen kriegen.
Wo ist denn nur das Klopapier?"
„Du hast doch Zeitung, nimm sie dir."

„Das Tageblatt ist auch für'n Arsch,
hier liest man nur vom Siegesmarsch.
Die Aktien sind ganz steil gestiegen,
ob wir für'n Winter Kohlen kriegen?"

Kaffeetassen-Pythia
Karlheinz Lang

Ringelnatter Vamp Helene,
Die als Schlange keene Beene
Hatte - denn so sind die Gene -
Las dem Hans, der war ihr Schatz,
Einstmals aus dem Kaffeesatz.

Mit dem Körper ohne Beine
Ringelte die schlanke Kleine
Sich um die geleerte, feine
Kaffeetasse, in der unten
Sich noch etwas Satz befunden…
„Du sollst heißen Ringelnatz!"
Orakelte der Wurmfortsatz.

Der Knirps
Ralf Schauerhammer

Er lag im Bahnhofsrestaurant,
Tisch Zweiundzwanzig links am Gang.
Man hatte ihn beim Mittagessen –
der Zug kam pünktlich – glatt vergessen
und ist nach Hamburg abgereist.

Nun war das Ziel, wonach er strebte,
nur Hamburg, wo die Schirmin lebte,
die große Liebe seines Lebens!
Ach, alles schien ihm nun vergebens,
nur weil der Zug zu pünktlich kam.

Sein Herz begann an Wochentagen
um elf Uhr drei erregt zu schlagen,
da kommt, Gleis fünfzehn, schon seit Jahren
der Zug aus Hamburg eingefahren
und bringt, hofft er, die Schirmin mit.

Und heute – Himmel, welch ein Glück! –
stolziert ein Fräulein, schön und chic,
mit weißem Schirm ins Restaurant,
Tisch zweiundzwanzig links am Gang! –
Da springt der Knirps beseligt auf.

Das ehrliche Messer
Thomas Leenen

Ein Messer kam zu dem Entschluss:
"Ich bin jetzt nur noch ehrlich.
Ich tue nur noch, was ich will
und lebe ungefährlich".

"Hey, schmiere mich! ", rief da ein Brot.
Das Messer hasste Schmieren.
Spontan stach's zu, aus Ehrlichkeit.
Dem Brot gings an die Nieren.

Jetzt sprach das Brot: "Mir geht es schlecht,
und untenrum, da zieht es.
Ein schönes Brot bin ich nicht mehr
und jeder auch noch sieht es".

"Entschuldigung", das Messer sprach.
"Ich schäme mich jetzt arg.
Durch meine reine Ehrlichkeit,
lägst du jetzt fast im Sarg".

Noch einen letzten Satz es sprach,
das so spontane Messer:
"Beim nächsten Mal, ich schwör es dir,
mach ich es ehrlich besser".

HYMNEN
Thema: Neue Nationalhymne

Deutschlandhymne
Hans Plonka

Land im Frieden sorgt für Menschen,
gleich, ob mächtig oder schwach.
Ordnend gibt es Lebensfreude
und hält deutsche Bräuche wach.
Es gibt uns den Tatendrang
durch Respekt ein Leben lang;
Sicherheit und gleiches Recht,
jeder Rasse und Geschlecht.

Toleranz für jede Meinung
gibt es jeder Zeit im Land.
Allen Menschen Ehr und Achtung
wird erwiesen jedem Stand.
Deutschland trägt für uns viel Bürde
und bewacht stets unsre Würde.
Es gibt uns ein Teil von sich
und sorgt sich um Dich und mich.

Deutsches Land mit Seen und Bergen,
wunderschön und voller Wunder,
ist ein Traum für viele Menschen,
uns ein Freud- und Glückbekunder.
Es verschönt uns Tage, Nächte.
Freude, die ein jeder möchte,
gibt uns Deutschland lebenslang,
drum schenk ich Dir Lob und Dank.
(Deutschlandlied, Hoffmann von Fallersleben)

Der Deutsche Wagen
Heidi Pichler-Wilhelm

Hoch auf dem Deutschen Wagen
sitzen wir, Merkel lenkt.
Stets weiter wolln alle nur traben,
Schäuble ans Sparen stets denkt.
Schwarze Nullen sein Streben,
denn unsrer Schulden sind viel,
die Banken, die wollen gut leben,
Gewinn ist ihr tägliches Spiel.
Die Banken, die wollen gut leben,
Gewinn ist ihr tägliches Spiel.

Flöten hör ich und Geigen,
wir sind ein Volk mit Kultur.
Doch in den süßen Reigen,
mischt sich manch bittere Spur,
Leiharbeit und die Harz-Vierer,
Mini Jobs sind die Essenz,
es gibt viel zu viele Verlierer
und dort im Osten, da brennts.
Es gibt viel zu viele Verlierer
und dort im Osten, da brennts.

Kleine Gemeinden verfallen,
Missmut ja, er macht sich breit.
Neustart will nicht recht gefallen,
lieber lebt man im Streit.
Rechtspopulismus ist Mode,
ach, armes Deutschland pass auf,
dies führt zu sicherem Tode,
zeigt der Geschichte Verlauf.
Dies führt zu sicherem Tode,
zeigt der Geschichte Verlauf.

Freiheit wünsch ich diesem Lande,
Freiheit im Denken und Tun.
Freiheit in frischem Gewande,
Einmischung darf nicht ruhn.
Wir wollen uns engagieren
gegen den Mief dieser Zeit,
es gibt viel zu viel zu verlieren,
Deutschland mach neu dich bereit
Es gibt viel zu viel zu verlieren,
Deutschland mach neu dich bereit.
(Hoch auf dem gelben Wagen, Heinz Höhne)

Hymne für Deutschland
Heike Schmidt

Heimat bist du vielen Menschen.
Freiheit schwörst du feierlich.
Demokratisch, ohne Grenzen,
leuchtet stets dein Angesicht.
Brüderlich reichst du die Hände
allen Völkern dieser Welt,
dienst als Vorbild, weil am Ende
nur der Frieden sie erhält.

Deine Schönheit wird besungen,
weit hinaus bist du bekannt,
für die Einheit, die gelungen,
Deutsches Land wirst du genannt.
Brüderlich reichst du die Hände
allen Völkern dieser Welt,
dienst als Vorbild, weil am Ende
nur der Frieden sie erhält.
(Deutschlandlied, Hoffmann von Fallersleben)

Ein Lied
Heliane Meyer

Freut euch der Heimat und steht beieinander,
liebt ihre Schönheit, die Stadt und das Land.
Ehret Wahrhaftigkeit, lernt voneinander,
reichet den Menschen im Guten die Hand.
Glaubt an das Leben, die Freiheit und Würde,
tragt sie in Ehren und niemals als Bürde.

Hebt eure Stimmen, wenn Feinde euch schrecken,
trotzt mit Verachtung dem rasenden Mob.
Drängt ihn zurück in die finsteren Ecken,
ruft ihm ein unüberhörbares „Stopp"!
Duldet nicht Feindschaft, nicht Lügen, Legenden,
wehrt euch, sucht Wege und lasst euch nicht blenden.

Pfleget die Freundschaft mit Andren im Lande,
hegt sie mit Treue und Brüderlichkeit.
Knüpft ohne Ansehen kräftige Bande,
gebt jede Tröstung und Gastfreundlichkeit.
Meidet den Hass, kämpft um Liebe entschieden -
dann schenkt die Heimat ein Leben in Frieden.
(Lied an die Freude, Beethoven)

Deutschland, einig Vaterland
Ilona Pagel

Die deutschen Bürger haben gern ein reines Gewand,
harum di scharum di schrumm, schrumm, schrumm.
sie liefern ihren Müll ins Morgenland,
harum di scharum di schrumm, schrumm, schrumm.
Aschegraue, dunkelbraune, schrum, schrumm, schrumm.
Hier ein Viertel, dort ein Viertel, schrumm, schrumm, schrumm.
Fein oder grob, verfrachtet wird er doch
mit dem Flieger, mit dem Schiffe, mit dem schrumm, schrumm, schrumm.

Die Deutschen mögen sehr Schnäppchen und Rabatt,
harum di scharum di schrumm, schrumm, schrumm.
Doch Sonderposten, Wühltischflitter machen nicht mehr satt,
harum di scharum di schrumm, schrumm, schrumm.
Bangladesch , Billigware, schrum, schrumm, schrumm.
Kinderarbeit, Sklavenlöhne, schrumm, schrumm, schrumm.
Fein oder grob, geschachert wird ja doch
mit der Armut fremder Völker, mit dem schrumm, schrumm, schrumm.

Die Deutschen fühlen sich im eigenem Land bedroht,
harum di scharum di schrumm, schrumm, schrumm.
Den einen geht's ums Häuschen, dem andern geht's ums Brot,
harum di scharum di schrumm, schrumm, schrumm.
Bürgerwehr und Grenzen her, bumm, bumm, bumm.
Springerstiefel aufmarschiert, schrumm, schrumm, schrumm.
Fein oder grob, gezündelt wird jetzt doch,
gegen Fremde, mit der Bombe, mit dem bumm, bumm, bumm.

Gemeinsam kämpfen Bürger für ein sauberes Land
harum di scharum di schrumm, schrumm, schrumm.
Nazis und Rassisten, auf den Mond werdet ihr verbannt.
harum di scharum di schrumm, schrumm, schrumm.
Wir wollen fairen Handel, machen niemand klein.
Mit allen Menschen wollen wir brüderlich nun sein,
Fein oder grob, wir schaffen es doch,
mit viel Weitblick und dem Herzen, ohne bumm bumm bumm.
(Die Leienweber haben eine saubere Zunft, Volkslied)

Hymne an meine Heimat
Karlheinz Lang

Dich erkenn ich an den Wäldern,
An den Nebeln, an dem Schmerz,
An den Schloten, an den Feldern,
Wenn die Lerche steigt im März...

Deutschland, Deutschland, meine Heimat,
Schweiß und Tränen und Gesang,
Goethe, Schiller, Mann, Tucholsky,
Ihr bleibt mir mein Leben lang!

Meine Wälder, meine Höhen,
Ihr bleibt mir mein Leben lang!

Meine Wälder, meine Höhen,
Ihr bleibt mir mein Leben lang!

Heimat ist ein Ort, von dem man träumt!
(Zu singen auf die Melodie der griechischen Nationalhymne von Nikolaos Mantzaros)

Die Hymne vom guten Deutschen
Ralf Schauerhammer

Jeder gute Deutsche
hat ne Kuckucksuhr,
hat ne Kuckucksuhr,
ist im Leben pünktlich
und ein wenig stur.

Jeder gute Deutsche
hat ne Lederhos,
hat ne Lederhos,
die steht von alleine
und ist viel zu groß.

Jeder gute Deutsche
hat ein Dirndl an,
hat ein Dirndl an,
kommt wer ohne Dirndl,
ist's vielleicht ein Mann.

Jeder gute Deutsche
singt gern Loreley,
singt gern Loreley,
ist er ganz besoffen,
endet das Geschrei.

Jeder gute Deutsche
liebt Gemütlichkeit,
liebt Gemütlichkeit,
und hat ganz gemütlich
mit dem Nachbarn Streit.

Jeder gute Deutsche
hat noch Naziblut,
hat noch Naziblut,
zieht man an dem Schnürchen,
geifert er vor Wut.

Jeder gute Deutsche
isst nur Sauerkraut,
isst nur Sauerkraut,
dazu isst er Döner,
rülpst und furzt ganz laut.

Jeder gute Deutsche
hat nen Schäferhund,
hat nen Schäferhund,
der beißt kleine Kinder
oft und ohne Grund.

Jeder gute Deutsche
rast wie eine Sau,
rast wie eine Sau,
fährt ein großes Auto
und steht gern im Stau.

Jeder gute Deutsche
passt in das Klischee,
passt in das Klischee,
alle guten Entchen,
schwimmen auf dem See.

Sanderlings Hymne
Thomas Leenen

Mit den Händen und den Herzen
lasst uns lieben unser Land.
Lebt die Vielfalt aller Menschen,
würdevoll und Hand in Hand.
Liebt die Freiheit, haltet Frieden,
Deutschland, dir soll's wohl ergehn.
Deutschland ist ein Teil vom Ganzen
in dem weiten Weltgeschehn.

Meidet Fehler eurer Väter,
fraget eure Mütter mehr.
Schützt die Erde jetzt, nicht später,
Zeit für Kinder muss mehr her.
So kann Deutschland bunt erblühen,
Achtbarkeit im Weltverband.
Wir sind Teil von einem Ganzen,
alle Menschen sind verwandt.
(Deutschlandlied, Hoffmann von Fallersleben)

SPENSERSTROPHEN

Vergrößerung
Hans Plonka

"O, klage nicht, Du kleiner Zwerg bist stark!
Horch, Weltenmännchen, fühl und denk und sieh!"
Jedoch, worauf? So manches Sein ist arg
verstrickt und eingepfercht wie dummes Vieh!
Mann, werde groß, ersteige einen Berg!
Im Leben wirkt die Kunst, so wie auch Träume.
Dabei verweile nicht, Du bist kein Zwerg!
Die Welt hebt Dich empor in höchste Räume,
damit Dein Geist Dich lenkt, Dein Leben nicht versäume!

Raus
Heidi Pichler-Wilhelm

Wenn Wolken wehen, Regenschauer jagen,
nehm trotzdem ich die Jacke, geh spazieren.
Der Hund muß raus bei allen Wetterlagen,
er wird sich wohl beeilen, sich nicht zieren,
und bin selbst warm gekleidet, brauch nicht frieren.
Jedoch bei Sonnenschein, da geh ich gerne,
erfreue mich am Wald mit seinen Tieren,
und schau ich nachts zum Himmel, zähl die Sterne,
spür einen Schauer ich aus endlos weiter Ferne.

Frankenstein
Heike Schmidt

Im Morgengrauen graben fahle Hände
die Leichen aus der aufgeweichten Erde
und Blicke treffen sich, sie sprechen Bände,
dass diesmal Leben neu erschaffen werde.
Es jagt das Mörderherz auf wilder Fährte,
die Menschenteile passen nicht zusammen,
ganz fahrig wirken Arm- und Beingebärde,
weil sie von vielen toten Opfern stammen.
Und nichts kennt dies Gehirn! Noch hat es kein Verlangen.

Der Forscherdrang nahm schnell ein böses Ende,
denn mordend streift das Monster durch die Nächte.
Sein Schöpfer ringt verzweifelt beide Hände,
er schuf nichts Gutes, sondern nur das Schlechte.
Die Angst vor Strafe fordert ihre Rechte,
geschwächt stirbt er, sein Schatten trauert leise;
es weint sein Opfer, ärmster aller Knechte,
dem Unrecht ward, auf schauerliche Weise.
Er kennt den Flammenweg – für seine letzte Reise.

Nachts
Heliane Meyer

Wenn Stammtischbrüder froh in Kneipen schunkeln,
den Eckensteher Nante laut zitieren,
sich Liebespaare wärmen, zärtlich munkeln,
von weißen Hochzeitkutschen fabulieren,
beginnt die Nachtigall zu tirilieren,
singt strophenreich bis in den frühen Morgen.
Ich hör das zarte Vöglein jubilieren,
es bleibt im dichten Unterholz verborgen
und singt für dich und mich, vertreibt die vielen Sorgen.

Das Kreuz mit dem Kreuz
Ilona Pagel

Der kleine Mann bekommt beim Wörtchen Wahlen
Bedenken. Wählt er jemals wirklich richtig?
Wer hinterlässt ihm danach keine Qualen?
Wann wird des Volkes Kreuzchen diesmal nichtig?
Die Tagespresse scheint ihm undurchsichtig.
Parteien, die versprechen tausend Sachen,
für Kinder, Frauen, Männer toll und wichtig.
Gewählt, entfleucht das Geld in dunkle Rachen.
Ein Griff zum Lottoschein, der kleine Mann muss lachen.

Bekenntnis
Karlheinz Lang

Hört zu! Bekannt bin ich als Frauenkenner.
Bisweilen doch verlässt man mich aus Wut,
Dann fühl ich große Pein, ich alter Penner,
Doch denk, was soll's, und mach mir wieder Mut!
Ach, liebe Leute, bitte seid so gut,
Und glaubt mir auch noch dies, was ich berichte,
Dass ich, es geht mir langsam auf den Hut,
Fast ständig überlege, wenn ich dichte:
Mir fehlt ja doch ein Weib - besieht man es bei Lichte!

Die Diagnose
Ralf Schauerhammer

Im Grunde hatte er es schon gewusst,
doch trotzdem hat der Arzt ihn aufgeregt;
er warf sich lautstark vor ihm in die Brust
und hat die Zweifel – fast – hinweggefegt.
Dann hat die Frau ihn einfach nur gepflegt,
in liebevoller Selbstverständlichkeit;
sein Widerstand hat langsam sich gelegt
und schließlich war er für den Weg bereit:
Der Styx ist jederzeit zu nahe und noch weit.

Im Staub von Chan Schaichun
Thomas Leenen

Es schien ein Tag zu sein wie andere,
das Land zerstört, die Sonne, sie geht auf.
Von ferne stelle ich mir vor, ich wandere
durch Schutt und Asche, Weinende zuhauf.
Der Teufel zischt vom Himmel jetzt, wir laufen.
Wohin doch nur, das Atmen fällt schon schwer?
Das Böse und der Tod ohn jed Verschnaufen,
zerstörte Hoffnung, Angst bis übers Meer,
ganz nah ein totes Kind, - wer hielt die Hand, sag wer?

FREIE LYRIK

Rauschen
Hans Plonka

In dem Rauschen des Waldes gefangen,
will ich die Träume vergessen,
die mein Leben in Richtungen führten,
welche mich heute in Zweifel stürzen!

Warn es die Eltern, die Lehrer, die Freunde,
die mich mit Einflüssen lenkten,
so dass ich wurde, was ich bin,
aus den Folgen von Vergangenem?

Doch will ich nicht Schuldige suchen,
und hadern mit Schicksal und verlorenen Kämpfen.
Meinem Leben will ich neuen Sinn geben.
Das Rauschen des Waldes erzählt mir davon.

Es mait der Tag
Heidi Pichler-Wilhelm

Es mait der Tag so vor sich hin,
und sinnend sitz ich froh in meinem Garten,
derweil am Nachbarhaus die Amsel
am First hoch oben singt und wartet
auf Antwort von der Amselfrau im Apfelbaum,
und leise fliegen Blütenträume…

Nun schwatzen sie gemeinsam,
ganz sicherlich von ihren Kleinen, die flügge nun,
vom Nest entfernt allein schon Futter finden.
Sie reden hin, sie reden her,
sind stolz, dass sie`s vollbrachten.
So denk ich´s mir…

Auszug
Heike Schmidt

In smaragdgrünen Tiefen
ein sanftes Rauschen,
das Riff ist bunt und voller Leben.

An Land schlagen die Wellen Alarm
über den Auszug der Meerjungfrauen.
Die fordern eine neue Kleiderordnung:
"Weg mit den Flossen!" steht auf ihren Schildern.

Ich tauche auf
und werfe meine Gummiflossen
an den Strand.

Wiesenlust
Heliane Meyer

Ergeh mich auf duftender Wiese,
umgeben von reizenden Hügeln
mit winkendem Tann.

Die Lerche steigt jubelnd gen Himmel,
ein Bächlein hüpft vorwitzig plätschernd
ins liebliche Tal.

Ich wünsch mir ein herziges Kerlchen,
ganz nackig und schön wie der David,
betörend und stark.

Vernehme ein kräftiges Niesen
und schaue in tränende Augen -
der David ist's nicht ...

Wayan, nachts ist er Ge/wehrlos
Ilona Pagel

Hund, auf mit dir durchs Minenfeld!
Zeige uns den sichersten Weg zum Feind.
Töte Hund, marschiere Hund.
Wache Hund, spioniere Hund.

Der, den sie Hund rufen, ist vorne dabei.
Sein Gewehrkolben zählt die Toten nicht mehr.
Er ist der devote Hund der Kompanie,
jedem Befehl gehorchend.

Nur in stillen Nächten
betet er zwischen Ruinen,
hört seinen Gott weinen,
seine Mutter streichelt seine Wange.
Liebevoll nennt sie ihn Wayan.
Seine nassen Augen zählen vierzehn Jahre.

Wayan, ein Kindersoldat,
der Hund der Kompanie.

Lethe
Karlheinz Lang

Sie rudern immer bei Nacht,
Im fahlen Mondlicht. Flüchtige Schatten,
Fröstelnde Menschenseelen
Kommen zuhauf
Mit dem Nachen den Fluss empor!
Blassbleiche Schiffer,

Namenlos, mit dem Steuermann
Charon. Ewige Bootsleute,
Willenlos,
Mit vergessenden Blicken,
Streben stetig
Aufwärts den Fluss.
Doch die irrenden Augen
Schauen mit milder,
Freudiger Miene

Nach vorn und erahnen
Die lichte Stätte, ihr Ziel.
Sie murmeln, sie beten.
Geschichtslose Wesen,
Angstfrei, weit offen
Lippen und Münder,
Die Taler und Münzen
Dem Fährmann darbietend,
Gleiten ins lichtdurchflutete Sein.

Gepanzert
Ralf Schauerhammer

Ihr kennt mich nicht,
seht nur Oberfläche.
Kennt ihr euch selbst?

Die Seele ist's,
sie spinnt,
ein Derwisch,
kreist und kreist und kreist.

Ja, es ist die Seele,
sie hält es nicht aus,
selbst der Panzer
um die Brust
hält sie nicht auf;
sie tobt da drinnen
und pocht –
ein entzündeter Zahn.

Der Derwisch kreist
entzückt, entrückt, verrückt.

Seid froh, oh, seid froh,
dass ihr mich nicht kennt.
Noch nicht!

Verschluss Sache Kind
Thomas Leenen

Hundertfünfzig
Fälle unter Tischen,
zwischen Akten,
in den Ämtern
für die Jugend.

Ein Mensch
kümmert sich.
Von Amts wegen.

Jeden Tag
geschieht es,
Unerhörtes, in den
Häusern, hinter Türen,
neben uns.
Neben dir, neben mir.

Horch, da schreit
ein Kind, laut und
dauernd, langsam,
leiser.
Stille, endlich.

Morgens früh dann
in der BILD:
"Kind von Drei
wog sieben Kilo,
Jugendamt versagt!"

Ein Mensch
vor Gericht.
Von Amts wegen.
Nachhause geh ich,
schließ zu, zu.

Die Stille
quält.

THEMA: Vandalismus

Im regionalen Zug
Hans Plonka

Ich saß im regionalen Zug
auf einer ramponierten Bank
und dachte, was für ein Betrug,
auf dem Gerümpel werd ich krank.

Gepäckablage hing herab,
ein Aschenbecher lag im Raum.
Der Schmutz, der dem die Krönung gab,
sah aus wie hingespuckter Schaum.

Am Fenster klebte Essensrest.
Es sah so aus wie ausgekotzt,
wie Eiterklumpen einer Pest,
die irgendjemand hingerotzt.

Vandalen hatten hier gehaust.
Zerstörerisch und ohne Ziel.
Ein Bild, vor dem es mir nur graust,
mit einem Übelkeitsgefühl.

Vandalen
Heidi Pichler-Wilhelm

Es sprach der Plinius: "Vandalen,
sei es auf Pferden, sei`s Sandalen,
die kommen hinten aus dem Osten.
Das sagt uns unser Horcherposten.
Sie fliehen vor den bösen Hunnen
und wolln an unsre Wasserbrunnen.

Grad war der Rhein mal zugefroren,
sie haben ihn als Weg erkoren,
sind gleich nach Gallien marschiert
und haben Leute massakriert.
Der Geiserich ihr Führer ist.
Ich sag mal klar, das ist echt Mist."

Sie haben Länder rasch durchschritten
und sind nach Rom noch eingeritten.
Das wars, Rom war dann bald kaputt,
man findet heute noch den Schutt.
Wer heut vandalisch sich betätigt
kommt vor Gericht, das ist bestätigt.

Ihr allerletzter Streich
Heike Schmidt

Jahre sind ins Land gegangen,
Zwei, die haben nichts gelernt,
Trunkenbolde, Randalierer,
weit von der Vernunft entfernt.

Max und Moritz, auferstanden,
streifen lärmend durch die Stadt,
wollen sich beim Müller rächen,
der sie einst geschreddert hat.

Nach dem letzten Saufgelage
stieg der Hass auf diesen Mann,
wütend ziehen sie zur Mühle,
zünden sie aus Bosheit an.

Weiter geht's zum Bauer Mecke,
der wohnt längst im Altersheim,
mit zwei Knüppeln in den Händen
stürmen sie ins Haus hinein.

Doch sie werden längst erwartet,
hier wohnt ein besondrer Mann,
Opfer ihrer Bubenstreiche,
der sie gar nicht leiden kann.

Weit entfernt hört man Sirenen,
Max und Moritz leider nicht,
liegen in der Jauchegrube
mit zertrümmertem Gesicht.

Ja, der Mörder ist zufrieden,
endlich sind die Schurken weg,
Wahnsinn glimmt in seinen Augen,
irre ruft er, „meck, meck, meck".

Kunst vs. Wandalismus?
Heliane Meyer

„Auch wenn die Bullen uns zuweilen fangen -
am nächsten Morgen sind wir freigelassen -
die Lust am Handstyle ist uns nicht vergangen.

Was machen wir, dass die uns derart hassen?
Sie schnappen zu und nennen uns Wandalen -
am nächsten Morgen sind wir freigelassen.

Wir sollen graue Wände nicht bemalen?
Erschaffen Kunst, wer möchte das bestreiten?
Sie schnappen zu und nennen uns Wandalen.

Ja, leben wir in alten Römerzeiten?
Wir bringen Farbe, werden nichts zerstören,
erschaffen Kunst, wer möchte das bestreiten?

Selbst wenn sich diese Deppen wild empören,
uns dissig Wandalismus unterstellen,
wir bringen Farbe, werden nichts zerstören.

Wir lassen uns die Fatcaps nicht vergällen,
auch wenn die Bullen uns zuweilen fangen,
uns dissig Wandalismus unterstellen,
die Lust am Handstyle ist uns nicht vergangen!"

Ruf der Vandalen
Ilona Pagel

Vandalismus ist blind und zerstört,
demoliert, was ihm gar nicht gehört.
Der Vandale hat eines im Sinn,
zu zertrümmern! Welch Geist liegt darin?

Inwiefern nimmt er sich dieses Recht?
Zu verwüsten ist böse und schlecht.
Eines Nachts stand er vor mir, im Traum,
so verzweifelt, ihr glaubt es mir kaum.

„Uns Vandalen ist eines geblieben,
dieser Ruf, der vom Teufel geschrieben,
der Geschichtsbücher fälschte fatal,
diese Schande gereicht uns zur Qual.

Ich will schlüssig berichten und schnell
über das, was geschah punktuell.
Als wir drangen ins römische Land,
da fiel alles in unsere Hand.

Was da unheimlich scheint aus der Zeit,
es war Recht, da der Friede noch weit.
Niemals plünderten wir nur zum Spaß,
die Geschichte es leider vergaß".

Als am Morgen ich langsam erwacht,
habe ich an Vandalen gedacht:
Gleichen die, die mal früher so waren,
unsren heutgen modernen Barbaren?

Defender
Karlheinz Lang

Rotz und Wasser du isch heule,
Wann se nachts den mir zerbeule!
Steht so hamlos uff de Gass,
Krischt da ab nur Klassehass:

Isch moin hier moinen Hummer-Jeep,
Den hab isch weklisch schreklisch lieb!
Der is so schwazz, gleisch einem Saasch,
Wann dem was is, komm isch in Raasch!

Babba saacht: Ach Bub, die Neider,
Wedde immer schlimmer, leider.
Koiner hat mehr Achdung heude
Vor dem Eischenduum der Leude!

Die dir den dun demoliere,
Dun aach dääschlisch demonstriere!
Dreggisch dribber lache die,
Desdewesche schnabb der die!

Schnabb se dir, die Neidkaniggel,
Krisch se hinne am Schlawiggel,
Leesch se flach, bleib hammerhadd,
Mach se mit deim Hummer pladd!

Komm, mein Bub, mir schnabbe die,
Du gibst Gas, isch hald se hie!
Komm, mein Bub, komm mach se pladd,
Hier heißt's: Landvoocht bleibe hadd!

Die Telefonzelle
Ralf Schauerhammer

Sie war noch gelb, aus einer anderen Zeit,
als man noch mit dem Zeigefinger wählte,
verbunden wurde und noch Kleingeld zählte,
im Telefonbuch las; zur Sommerzeit
den Hitzestau ertrug, im Winter fror,
und meistens schrie, den Hörer dicht am Ohr.

Was waren das noch Zeiten, als bisweilen
die Menschen vor ihr wartend Schlage standen
und Zeit für Schwätzchen mit den Nachbarn fanden;
man notfalls bat, sich bitte zu beeilen;
als Liebespärchen nachts in ihr verweilten
und bei Gewitter stürmisch Küsse teilten?

Doch schließlich stand die Zelle oft verwaist
an ihrem Platz und harrte tapfer aus.
Das Mütterlein kam manchmal aus dem Haus,
vor dem sie stand, und rief die Tochter meist
vergeblich an, sie weinte dann beim Gehen,
doch hat allein die Zelle das gesehen.

Und eines Morgens stand sie da – geschändet:
Die Glastür eingetreten und beschmiert,
der Apparat hing schief und demoliert,
der Hörer samt dem Geld im Schacht entwendet.
So stand sie nun herum, ein halbes Jahr.
Ein Penner nutzte sie als Pissoir.

Zu aller Zeit
Thomas Leenen

Der Regenwald wird abgeholzt,
vereinzelt ruft man Stopp!
Die Geldwirtschaft regiert das Beil,
Protestler schimpft man Mob.

Schon alle Zeit fand der Gehör,
der laut nach "Fortschritt" rief.
Doch mit zerstörtem Gleichgewicht
steht's Weltenhaus ganz schief.

Gedankenlos, da wird zerstört,
was wertlos scheinen mag.
Den wahren Wert der Kreatur,
bringt Liebe an den Tag.

TRIOLETTE

Wohlstand und Glück
Hans Plonka

Der Glückliche ist wohlgeboren,
dort, wo ihn auch die Menschen lieben.
Der Ungeliebte ist verloren.
Der Glückliche ist wohlgeboren.
Er ist für Wohlstand auserkoren.
Nichts soll sein Leben je betrüben.
Der Glückliche ist wohlgeboren,
dort, wo ihn auch die Menschen lieben.

Des Menschen Wohlstand soll sich mehren
mit guten Solidargesetzen,
die ihm auch Lebenslust gewähren,
weil sie des Menschen Wohlstand mehren.
Dabei soll er nicht Macht begehren,
mit welcher Mächtige uns hetzen.
Sie wolln auch ihren Wohlstand mehren,
mit ihren eigenen Gesetzen.

Sommerliebe
Heidi Pichler Wilhelm

Hell schimmert bunt im Sonnenschein
der Strauch mit Schmetterlingen.
Der eine groß, der andre klein,
sie schimmern bunt im Sonnenschein,
und alle sind so zierlich fein,
wie flink sie ihre Flügel schwingen.
Hell schimmernd bunt im Sonnenschein,
der Strauch mit Schmetterlingen.

Fröhlich tanzt mein Herz und singt,
will den Liebsten nun erwarten,
denn ein zartes Lied erklingt.
Fröhlich tanzt mein Herz und singt,
wenn im Gras der Hüpfer springt,
Blumendüfte mich erwarten.
Fröhlich tanzt mein Herz und singt,
will den Liebsten nun erwarten.

Gedankenkarusell
Heike Schmidt

Gedanken drehen sich im Kreise,
Worte schlagen Purzelbaum,
die Funken stieben. Laute, leise
Gedanken drehen sich im Kreise,
verbinden sich zur Farbenreise,
bunte Prismen, wüster Traum,
Gedanken drehen sich im Kreise,
Worte schlagen Purzelbaum.

Werbung
Heliane Meyer

Dein food ist unser business!!!
Wir never ever loose you ohne.
Sind fast and cheap und make no Stress,
dein food ist unser business!!!
We cook sehr good mit Raffiness
a T-Bone-Steak or a Calzone.
Dein food ist unser business!!!
Wir never ever loose you ohne.

Diese Nacht
Ilona Pagel

Auf Schamgefühl kann ich verzichten.
Beileibe nicht auf eine Nacht,
in der die Körper ohne Pflichten
auf Schamgefühle ganz verzichten,
sich zärtlich spielend unterrichten
vom Taumeltanz der Lust entfacht.
Auf Schamgefühl kann ich verzichten,
beileibe nicht auf diese Nacht!

Bock aufs Schaf
Karlheinz Lang

Die beste Wahl, die je ich traf,
Bist Du, ein Glücksfall für mein Leben!
Noch heut will ich Dir treuem Schaf,
- Der besten Wahl, die ich je traf -
(Nicht nur bei Tag, nein auch im Schlaf)
Ganz tief im Herzen zages Beben
- Der besten Wahl, die ich je traf -
Mein "Bäh" fürs ganze Leben geben...

Die Grille
Ralf Schauerhammer

Ich spiele meine Fiedel frei!
Egal, was kommen soll und mag,
der Fiedel ist es einerlei.
Ich spiele meine Fiedel frei
und wünsche mir, grad heute sei
für mich der allerschönste Tag.
Ich spiele meine Fiedel frei,
egal was kommen soll und mag.

Erfülltes Glück
Thomas Leenen

Ein Kind ist geboren, welch Glück.
Mutter und Vater sie weinen.
Ihre Liebe strahlt aus ihm zurück.
Ein Kind ist geboren, welch Glück.
Die Liebenden fassungslos scheinen,
alle anderen maßlos entzückt.
Ein Kind ist geboren, welch Glück.
Mutter und Vater sie weinen.

SCHILLERSTROPHEN

Im gleichen Boot
Hans Plonka

Gebt den Armen, schenkt auch Trinken, Essen.
Not und Elend dürft ihr nicht vergessen,
Überfluss ist mehr als ungesund.
Führt er doch nicht selten zur Verschwendung,
statt zu einer sinnvollen Verwendung,
dafür gibt es keinen guten Grund.
Spannung gibt es wegen Unterschieden.
Mit den Menschen, die im gleichen Boot,
gilt es stets auch Freundschaften zu schmieden,
weil sonst üble Spannung droht.

Gleichheit ist nicht das, was Menschen wollen,
buntes Leben wäre dann verschollen,
damit gibt es Unzufriedenheit.
Ausgeglichen, aber auch verschieden,
wird die Langeweile gut vermieden.
Allzu gerne ändern wir das Kleid.
Stolz auf kreative Änderungen,
zeigt ein jeder gerne was er kann,
auch wenn dies oft nicht gelungen,
ist doch immer Buntes dran.

Kühlung
Heidi Pichler-Wilhelm

Wenn des Sommers Schwüle und die Hitze
zieht durch jede Mauerritze,
such ich den geliebten Schattenort
in des Haines dunkelgrüner Laube,
wohl bewahrt von grauem Straßenstaube,
finde Kühlung, Ruhe, Frieden dort.

Süße Kletterpflanzenblütendüfte,
sie betäuben sehnsuchtsvoll den Sinn,
und es ziehen laue, linde Lüfte
mit den Träumen weit dahin.

Zeichen

Heike Schmidt

Sonnenstrahlen küssen diesen Morgen,
Glück ins Herz und ohne Sorgen,
treibt ein Tag, der Seligkeit verspricht,
letzte Schatten aus den bösen Träumen,
lässt durch Freude Liebe überschäumen,
hält sie fest und badet sie im Licht.
Blütenduft strömt in die hellen Zimmer,
heiter tönt am Tor das Klingeling,
vor dem Haus ein Flügelschlag, ein Schimmer,
ein Moment, der schnell verging.

Ahnungsvoll jagt zitternd leichtes Beben,
Kälteschauer in erschrecktes Leben.
Wo noch Fröhlichkeit zu herrschen schien,
schleicht sich Wehmut an und leises Bangen,
weckt die Ängste, Sorgen, schürt Verlangen,
dass die Todesengel weiterziehn.
Wieder strömt ein Blütenduft ins Zimmer,
wieder tönt am Tor ein Klingeling,
vor dem Haus kein Flügelschlag, kein Schimmer,
nur ein Kreis, mit Kreuz darin.

Nachruf
Heliane Meyer

Konnten reden, streiten, weinen, lachen,
ruhig sein, Verrücktes machen,
warst mir Freundin in bewegter Zeit.
Ach, wie traurig bin ich, kanns nicht fassen,
steh am Grab und mag dich nicht verlassen.
Weit bist fort, so weit, so weit, so weit …
Öffnet dir ein Engel grad die Pforte?
Klingt zu dir sein liebevoller Gruß?
Hörst du meine kummervollen Worte,
„Ruhe sanft", den letzten Wunsch und Gruß?

Jungsein
Ilona Pagel

Schwungvoll schlägt der Puls. Die jungen Leute
setzen Ziele sich im Heute.
Frohgemut beschreiten sie den Weg.
Sehnsucht liegt in jedem ihrer Tage,
Mut und Hoffnung stehen nicht in Frage,
frische Willenskraft als breiter Steg,
dürsten sie die Welt in ihren Händen
greifbar zu gestalten, groß und heil.
Kraft und Können will die Jugend spenden,
suchend stets ein Ankerseil.

Heiter singt die Jugend ihre Lieder,
Müßiggang ist ihr zuwider,
ja, sie wird dem Schwung der Zeit gerecht.
Jung sein hängt nicht ab von Jahresringen,
mein Bewusstsein zählt vor allen Dingen,
ziehe ich für Wünsche ins Gefecht,
sehe dabei auch die kleinen Wunder?
Kann ich lachen, jauchzen hocherfreut?

Gebe ich dem Feind noch tüchtig Zunder,
ohne dass es mich dann reut?

Jung sein heißt: Die ganze Welt beschauen,
Zuversicht um Flügel bauen.
Jung sein heißt: Im Herzen frei zu sein,
Hoffnungsblüten tragen durch die Nächte,
frei vom Zwang gewinnbedachter Mächte.
Ruft die Liebe zart und lupenrein
schwelgt das Herz, ist gänzlich unbesonnen.
Zitternd wie ein junger Rosenstrauch
schmecken erste Küsse voller Wonnen,
heiß wie Helios Feuerhauch.

Nächtlicher Besuch
Karlheinz Lang

Leichenblass, fast kreideweiß, Gesichter,
Fein wie Biskuitteig, nur lichter,
Stelln sich ein, wenn's schmerzlich wird im Hirn!
Nahen sich in Nächten wilde Träume,
Tun sich auf die dunklen Räume,
Und in Pein schwillt an die hohle Stirn.
Unter Seelenschmerz und Folterqualen
Weilt der Schläfer bang im Höllental,
Und im Kopf, dem wüsten, fast schon kahlen,
Steckt ihm ein gespitzter Pfahl.

Der alte Raumfahrer
Ralf Schauerhammer

Stets nach neuen Horizonten streben
war mein Trachten, war mein Leben.
Oftmals habe ich das Ziel erreicht.
Tausend Welten habe ich gesehen,
immer besser lernte ich verstehen,
dass sich alles ändert und doch gleicht.
Meine wunderschöne Heimaterde
treibt im Weltraum unvorstellbar fern;
unermüdlich führte meine Fährte
himmelan von Stern zu Stern.

Galaxien habe ich umrundet,
ihren Wesenskern erkundet,
Sonnen und Planeten neu entdeckt,
alles, was dem Blick sich offenbarte,
war Bekanntes, nur von höhrer Warte,
hat mein Fernweh stärker nur geweckt,
hat die Flamme nur noch mehr entzündet,
die mich fort und immer vorwärts reißt,
denn die Welten, die ich neu ergründet,
keimten schon in meinem Geist.

Deutlich sagt das Zittern meiner Hände,
meine Reise geht zu Ende,
nur der Geist bleibt gänzlich unbesiegt.
Jenseits dieser Grenze will er sehen,
über die wir Menschen alle gehen,
worin Sinn und Zweck der Menschheit liegt.
Wenn ich nur in diesem Jenseits fände,
was ich findend immerfort verlier.
Ach, und finde ich vielleicht am Ende
dieses Jenseits auch in mir?

Lichter Tag
Thomas Leenen

Lichter Tag, bald kommt der Abend wieder.
Müde streckst du deine Glieder
und betrachtest still der Hände Tat.
Trugst die Last des Tages bis zum Ende,
heute nun ist Sommersonnenwende,
folgtest treulich Gottes Wort und Rat.
Lass dich fallen nun in tiefes Schlafen,
Träume seien dir ein Ruhesteg.
Hör gut zu, den Geistern, die dich trafen,
geh dann treulich deinen Weg.

THEMA: Witze

Der Apotheker
Hans Plonka

In einer Apotheke sagt ein Mann:
„Herr Apotheker zwei Verhüterli",
doch darauf schaut ihn dieser fragend an:
„Ja, wozu brauchen sie denn die?"

„Für meine neue Freundin brauch ich sie,
und für die Mutter, die noch gut aussieht.
Ich bin fast sicher, damit rechnen die,
dass nach dem Essen auch noch was geschieht".

Beim Essen, mit den Händen vorm Gesicht,
so sitzt er still und ist gar arg verschämt.
Die Freundin sagt: „Sowas gehört sich nicht",
weil er die Eltern damit nur vergrämt.

Er faselt leis, "Was soll ich denn nur machen,
ich steh doch da wies Hähnel auf dem Mist,
wenns nicht so peinlich wär, ich würde lachen,
dass grad dein Pa der Apotheker ist".

Raub
Heidi Pichler-Wilhelm

Es standen zwei Kinder verdutzt an dem See,
doch wo einst der See war, da sah man nur Schnee.
Der See war verschwunden, wo ist er bloß hin?
Dem Fritzchen erschließt sich ein schlüssiger Sinn:
Der See ward geklaut und liegt jetzt im Meer,
denn Seeräuber kamen von Weitem hier her.

Vo nix kummt nix
Heike Schmidt

Geht ein Sachse zum Chirurgen:
„Nu gönn se misch gurieren?
Isch mechd nä sächsisch rumgurken,
will hochdeutsch kultivieren".

Der Doktor ist entzückt und nickt,
er müsst halt operieren,
das halbe Hirn käm weg gezwickt,
dann würd es funktionieren.

Am nächsten Tag, am Krankenbett,
der Arzt stottert verlegen,
es sei nicht schön, ja wär nicht nett,
nen Unfall häts gegeben.

Nur noch ein Viertel Hirn wär drin,
er hätts gern hingebogen,
Ergebnis futsch, kein Hauptgewinn,
so sei das, ungelogen.

Der Sachse fängt zu zählen an:
„Oans, zwoa", da muss er lachen,
„jo kruzitürken Dokta, Mann,
wos moachst den dua für Sachn?"

Froschweisheit
Karlheinz Lang

Zwei Frösche saßen einst am Teich,
In einem Land, nicht regenreich...
Als plötzlich doch der Regen kam,
Fing einer laut zu quaken an:

"Willst Du ein nasser Frosch nicht sein,
Spring einfach in den Teich hinein!"

Die Probe
Ralf Schauerhammer

"Herr Apotheker, haben Sie
ganz kleine Probelöffel, die
für medizinischen Gebrauch
geeignet sind? Und Zucker auch?"
"Gewiss." "Der Zucker liegt bereit
ich tränke ihn mit Flüssigkeit.
Herr Fachmann, nun probieren Sie!"
"Igitt-igitt, wie schmeckt das schlecht!"
"Kann sein, Sie haben da wohl Recht,
das ist bestimmt kein Hochgenuss,
jedoch mein Arzt, der sagt ich muss
Urin von mir in kleinen Massen
durch Sie auf Zucker testen lassen."

Hansi
Thomas Leenen

Sein Vogelkäfig stand heut leer,
der kleine Hansi fehlt so sehr.
Das Fenster, es stand ganz weit offen,
nun ist er fort, ich kann nur hoffen,

ein Suchauftrag, der schafft ihn her.
Doch das wird sicher noch ganz schwer.
So schreibe ich, mit Herzensqual,
bringt Hansi wieder, - Farbe egal.

HEXAMETER

Lebenslehre
Hans Plonka

Was der Lehrer nicht weiß, erfährt verständlich der Schüler
aus den Schriften von weisen Forschern durch suchendes Lesen.
Wer begeistert Bücher durchforstet, erkundet die Welten
der erleuchteten Weisen freudig im Geiste des Fortschritts.
Bis zur Reife erfolgreicher Geister benötig es Mühen.
Niemand versteht das Leben begeistert durch träumende Muße.
Forscher wachsen, begleitet von Neugier und leuchtenden Zielen.
Antrieb ist Wissen, das hilfreich fördert Bedeutung und Größe.
Letztlich geht es um Liebe zur Welt und Erfüllung des Lebens

Siebenschläfer
Heidi Pichler-Wilhelm

Merkt euch, ihr Reisenden, merkt euch dies Datum, das wichtig und heilig.
Bauern und Gärtner, ihr Freunde des Sommers dergleichen, gebt acht!
Wie das Wetter sich um den siebenundzwanzigsten Juni
zeigt, bleibt es uns sieben Wochen lang treu und erhalten.
Ephesus war einst der Ort, wo die Kinder, die Knaben verschwanden.
Sieben Jünglinge flohen vor Kaiser Decidus Häschern.
Ihrem Glauben, dem sollten sie abschwören, aber sie blieben
fest. Verborgen in einer Höhle, schliefen sie friedlich,
aber Decidus ließ sie dort einmauern. Zu einer Falle
ward ihre Höhle. Schliefen sie weiter und wurden sie erweckt,
zweihundert Jahre danach? Und was will dies uns sagen und deuten?
Sollen die sieben Wochen ein Bildnis sein für diese Sieben?
Glaubenslegenden berichten von Märtyrern, Wundern und Zeichen!

Das letzte Leben
Heike Schmidt

Stille, gebettet in Nebelschwaden, senkt sie sich nieder,
flutet das grüne Tal, durchzieht den Fichtenwald mit Schleiern.
Graue und eisige Geisterarme greifen nach dem alten Jagdhaus.
Wie viele Morgen schon tropft es aus Ästen und Zweigen,
tränkt mit dem Wasser die Erde, die Seele, hüllt sie in Schweigen?
Lässt sie noch einen Moment von den glücklichen Zeiten träumen,
ehe die Einsamkeit machtvoll mit der Wahrheit hervorbricht?
Wie viele Jahre schon kämpfen verzweifelt die Gefühle
mit dem Zurückbleiben, diesem harten, kargen Überleben?
Nicht die traurigen Abschiede, die Schmerzen brechen den Willen,
sondern das nicht Vergessen-Können, das ewige Erinnern.
Wieder gelingt es der Angst, das geschwächte Herz zu ergreifen,
und es in Hoffnungslosigkeit und Verzweiflung zu stürzen.
Auch die durchbrechende Sonne wird diesen Zustand nicht ändern.
Soll doch diese unselige Wand zersplittern und zerbrechen
durch was auch immer, das letzte Leben in Stein verwandeln.
Längst schon fühlt sich alles tot an. Niemand der zurückbleibt
kann verurteilen oder richten, "Wo kein menschliches Wort ist, als das eigene".

Homo homini lupus
Heliane Meyer

Ist es wahr? Befinden wir uns im letzten der weltweiten Kriege?
Zeigt die Uhr schon auf fünf vor Zwölf, geht jede Hoffnung verloren?
Leben wir in Zeiten des Wahnsinns, der wüsten Verheerungen, des Hassens?
Amoralische Nihilisten, selbsternannte Kalifen
sorgen für Schrecken und Angst, gefährden Leben und unsere Werte,
säen Zwietracht, drohen von außen, bringen innere Fäulnis.
Höchste Zeit, gegen Machtgier, Sadismus und Aberglauben zu kämpfen.

Prometheus
Karlheinz Lang

Höher schwingt sich der Adler. Weit fliegt er mit grässlichen Schreien
Bis ans Ende der Erde, wo es im Osten zu leuchten
Anfängt, lechzend nach Atzung, nach Fleisch, weil sein Meister ihn antreibt.
Elend schmachtet dort einer am Fels und schreit vor Schmerzen,
Doch ihn plagt nicht nur Durst, nein auch die eiserne Fessel,
Die die Götter dem Frevler verpasst, um ihn grausam zu quälen.
Kaukasus heißt das Gebirg, das höher die Ziegen lässt klettern,
Wo der Hagel peitscht nieder, wo vom Himmel herunter
Sich der gierige Adler schon seit ewig langen Zeiten
Auf sein Mahl stürzt. Denn ihn kümmern nicht Leid, nicht die Schreie
Unseres Schöpfers. Sein Leib dient dem grässlichen Adler zum Fraß dort,
Weil die Götter nicht wollen, dass Menschen das Feuer besitzen.
Doch siehe, es naht schon der Retter, mit Keule, mit Fell, voller Mut.

Hexameter
Ralf Schauerhammer

Hexamüdigkeit
Liebe Hexameter, lasst mich in Ruhe, ich möchte nicht immer
dichten wie alte Griechen und Knochen vor Zeiten gesprochen.

Lebensweisheiten
Gestern war gestern und heute ist heute, erklären mir Leute
wichtig und ernsthaft, um fortzufahren, dass sie mit den Jahren
klüger und weiser geworden. Ich denk die verdienen nen Orden!

Der Alte hatte es drauf
Niemals mehr will ich den alten Hexameter hören und schreiben.
Immer und immer das gleiche daktylisch geprägte Geleier!
Aber, ich muss es gestehen, der Goethe hat fucking gute
Zeilen im diesem vernagelten Versmaß der Alten geschrieben.

Im Tal
Thomas Leenen

Wolkenflug über dem Tal, wo der Wildbach sich schlängelt durch Felsen.
Angler fangen Forellen, die springend flussaufwärts schwimmen.
Zyklen des Lebens am Bach, auf das Streben folgt Leben und Sterben. –
Schreiend ein Säugling. Inmitten der Nacht und Dunkelheit ringsum.
Kerzenlicht dringt durch das Fenster. Geboren ist glücklich ein Junge.
Gott sei gedankt. Die Eltern wiegen das Kindlein in Freude.

FREI NACH WILHELM BUSCH:
Max und Moritz

Ein flottes Pärchen
Hans Plonka

Klaus und seine Freundin Klärchen
waren gar ein flottes Pärchen.
Bunt gefärbt warn ihre Haare,
fast wie schöne Tupperware.
Ihre Kleidung, zwar zerrissen,
aber neu und nicht verschlissen.
Sie sind aus auf Abenteuer,
was uns allen nicht geheuer.
Mit dem Auto auf der Piste,
auf dem Rücksitz eine Kiste.
Bier und Schnaps gemischt mit Drogen,
die mit Sorgfalt abgewogen,
schlucken sie mit Spaß herunter,
denn die Fahrt wird damit munter.
Bis sie nur noch singen, lachen,
und in andre Autos krachen.
Dieser Streich, der wurde teuer,
war ein dummes Abenteuer.
Mit dem Ende in der Kiste,
wo beendet warn Gelüste.
Kleidung wurde vorgeschrieben
dort im Knast, wo sie geblieben.

Wetterbuben
Heidi Pichler-Wilhelm

Ach, was muss man oft von Wetterbuben hören oder lesen
wie zum Beispiel hier von diesen, welche Sommer, Winter hießen:

Die, anstatt sich zu bequemen
nett zu sein, sich nicht benehmen
wie man es doch gern erwartet.
Beide scheinen recht entartet
Ja, zur Unbeständigkeit,
dazu sind sie gern bereit.
Winter ohne Schnee und Sonne,
Sommerurlaub für die Tonne.
Wirbelstürme, Hurrikane,
Überflutung und ich ahne,
dass das Klima irre irrt
und es auch nicht besser wird:
Doch wer hat das nun verschuldet,
oder auch nur mitgeduldet?
Industrie und Dieselfahnen
lassen es uns lange ahnen!
Und dann wehe, wehe, wehe,
wenn ich auf das Ende sehe,
wohin uns das Spielchen führt,
und es schließlich jeder spürt.

Ach, ist das ein schlimmes Treiben,
doch wir lassen es nicht bleiben.

Like me
Heike Schmidt

Paul und Paula, beide Kinder,
denken Sommer oder Winter,
morgens, abends, ganz egal,
Spaß muss sein. In jedem Fall,
lustig oder auch gemein,
stelln sie es ins I-Net ein.
Ob sie alte Nachbarn necken,
sie mit einem Sarg erschrecken,
Handys, Geld aus Taschen stehlen,
ganz umsonst den Notruf wählen,
Fett an Scheibenwischer kleben,
immer gibt's was zu erleben.

Wie entsetzt sie schaun, die Alten,
weil mal wieder Böller knallten,
in die Flure von dem Heim,
flogen sie durchs Fenster rein,
dann folgt der Alarm im Haus,
wer noch kann der flieht hinaus.
Paul und Paula freun sich sehr,
denn jetzt kommt die Feuerwehr.
Flink ein Video gedreht,
das sofort an Facebook geht.
Ja, man wartet schon gespannt,
auf den Spaß aus ihrer Hand
und die Daumen gehen hoch,
weiter so es lohnt sich doch.

Heute gibt's ein Feuerlein,
ach, wie brennt der Schuppen fein.
Jeder kann es miterleben,
weil das Video grad eben,
live ins Internet gestellt.
Nervenkitzel für die Welt
ist der Katzenhilfeschrei
kostenlos, gleich mit dabei.

Paul und Paula, nicht bedacht,
dass der Wind weht heute Nacht,
sehn die Funken heftig sprühn,
rote Feuerblumen blühn,
hier, wo dicht die Häuser stehn,
schon kann man es züngeln sehn.
Aus dem Dach vom Nachbarhaus
dringt der dunkle Rauch heraus.

Viele, viele Jahre später
schwirrt noch immer durch den Äther,
was in dieser Nacht geschehn.
niemals wird's verloren gehn.
Unterm Filmchen kann man lesen:
Diese Looser sind's gewesen,
Paul und Paula, wird gedacht,
tausend Male ausgelacht.

Tom und Irma
Heliane Meyer

Sie dreht wütend und mit Brausen,
kann das Land mit Kraft zerzausen,
Menschen in Verzweiflung bringen,
Tom wird um sein Leben ringen.

Er ist Fischer an der Küste,
arm, doch glücklich. Wenn er wüßte,
wie verheerend ihre Rage,
stützte er die Takelage,

wär bei Frau und Kind geblieben,
jenen, die ihn herzlich lieben.
Doch der Tom mag sich nicht trennen,
glaubt, er würde Irma kennen ...

Sie jedoch schickt Sturm und Wellen -
Fischfangboot und Tom zerschellen.
Noch sind beide nicht gefunden,
ohne Spur im Sog verschwunden ...

Frau und Kind, sie warten lange,
stundenlang ist ihnen bange.
Dann Gewissheit: „Abgetrieben" -
wäre er nicht stur geblieben ...

Vorsicht, Paradies!
Karheinz Lang

Jeder weiß, dass Terroristen
Nutzen gerne Flugzeugpisten!
In den Lüften wie noch nie,
Fliegen, bomben, zündeln sie:

Muselmänner, immer munter,
Lenken Flieger, stürzen runter
In die Türme von Manhatten,
Bis sie landen, möcht ich wetten,
-Denn ein jeder hofft auf dies-
Gleich im MännerParadies.

Dort erwarten solche Schluris
Zweiundsiebzig nackte Huris!
Dauererektionen auch,
Sicherlich kein schöner Brauch...

Setzen Schmerzen ein nach Stunden,
Wird der Penis abgebunden,
Steht er weiter, trotz Narkose,
Droht der GAU, das heißt Nekrose!

Hier - wie oft - sieht man die Folgen,
Welche auf solch Taten folgen:
Märtyrer, für Euch wird's fies,
Meidet dieses Paradies!

Sauflust
Ralf Schauerhammer

Sums und Brumsel, diese beiden,
konnte keiner wirklich leiden,
denn sie stachen, wo sie konnten,
alle Menschen, die sich sonnten
und durch Wald und Feld spazierten.

Insbesondre strapazierten
sie die Haut von Fräulein Liese,
welche vorsorglich schon diese
eingecremt mit Mückenschaum.
Sums und Brumsel schert das kaum,
stachen frech in ihren Po
und die Beine ebenso,
saugten Blut und suchten dann,
wen man sonst noch stechen kann.

Da kam Karl, der Bauarbeiter,
schweißgebadet, aber heiter
nach der Arbeit aus der Kneipe;
diesem rückten sie zu Leibe.
Eilig ward er angestochen,
Brumsel hat den Schnaps gerochen,
Sums bemerkte auch etwas,
beide wurden plötzlich blass,
und bevor sie sich versahen,
sahen sie ihr Ende nahen.

Beiden war es gar nicht wohl,
denn die Menge Alkohol,
die im Blut vorhanden war,
machten beiden schnell den Gar-
aus und plötzlich war's vorbei
mit der Leutestecherei.

Falls es jemand int'ressiert:
Beide liegen konserviert
rücklings auf dem Bordsteinpflaster.
Sauflust ist ein übles Laster!

Lisa und Paul
Thomas Leenen

Kinder, Kinder seid mal ehrlich,
ist`s mit Eltern nicht beschwerlich,
manchmal endet's kriminell,
hört gut zu, dann wisst ihr`s schnell.

Sieh der Papa, der von Paul ,
ist den ganzen Tag nicht faul,
kommt im Dunkeln er nachhaus,
ist bei Paul das Licht schon aus.

Paul hätt gerne noch gekuschelt,
über seinen Tag getuschelt,
Zeit scheint nur etwas für Große,
Paul, der findet´s "Quatsch mit Soße".

Schaut nun Lisas Mama an,
was die Gute alles kann.
Waschen, kochen und auch nähn,
wird auch noch zur Arbeit gehn.

Lisa muss zur Tagesmutter,
spielt dort und ißt Brot mit Butter.
Lieber ist sie tags zuhause,
trinkt mit Mama Lieblings-Brause.

Endlich Urlaub, wunderbar,
Mama, Papa, beide da.
Haben dann auch ganz viel Zeit,
dann kommt's leider oft zum Streit.

Schon am dritten Urlaubstage,
hält die Stimmung sich die Waage.
Alle schlafen nur bis sieben,
drum, weil Eltern Kinder lieben.

Kinder, Kinder, hier wird's heiter,
so geht's doch nicht immer weiter.
Manche Lisa oder Paul,
hauten anderen auf's Maul,
kamen auf die schiefe Bahn,
Eltern ins Gefängnis dann.

Und ihr Eltern seid gescheit,
schenkt den Kinder eure Zeit.

DITHYRAMBEN

Stationen zu Zielen
Hans Plonka

Gebt mir den Glauben,
es könnte geschehen.
Liebe regiert!
Schenken und Helfen sind Garant für Frieden,
Abkehr von neidvollem Streben nach Reichtum
kostet nicht Glück, sondern stärkt unser Sein.
Es lächelt der Herrscher,
die Knechte, sie jammern.
Oh, schenkt allen Frieden
durch hilfreiche Taten.

Lebt mit der Hoffnung,
Mut erzeugt Stärke,
Hass zerstört Sein.
Fühlen und Geben schenkt vielen Erfüllung,
Würde und lustvolles Wachsen mit Freude.
Glauben kann vieles, doch Wissen ist Macht.
Es kämpft nur, wer tapfer.
Oh, lasst ihn nicht darben.
Sein Mut wird ihn führen
zu glorreichen Zielen.

Grausamer Wirbelsturm,
Heidi Pichler-Wilhelm

Du Wirbelsturm,
hinweg fegst du die Werke der Menschen,
zerrst ihre Hoffnungen weit in die Lüfte
und schleuderst die Reste ihrer Habe
grausam auf Ruinen.
Aufhalten lässt du dich nicht!
Machtvoll und stark,
gleich einem bösen Geist,
unbegreifbar in deiner Wucht,
stets wiederkehrend,
Tod im Gefolge,
Elend und Not im Gepäck,
so zeigst du uns unsere Nichtigkeit,
setzt anmaßendem Treiben
Grenzen.

Schachmatt
Heike Schmidt

Kniet nieder, ihr Götter, und ehret den Menschen,
der euch so ähnelt wie ein Hund seinem Herrn,
der euch anbetet, wann immer er Vorteile erhofft.
Was für Narren ihr seid, dass ihr wieder und wieder auf ihn hereinfallt!

Kniet nieder, ihr Götter, und krönet den Menschen,
der euch nachahmt in allen Sünden.
Ihr seid sein Vorbild,
seid Mutter, Vater, Freund, Geliebte.
Euer Kind lügt,
liebt, hasst,
stiehlt, tötet,
längst besser als ihr.

Kniet nieder, ihr Götter, und weinet um den Menschen,
der euren Zügen auf dem Schachbrett des Schicksals nur zu gerne folgt.

Dieses Spiel habt ihr längst verloren!

Hohelied
Heliane Meyer

Oh, Acedia,
Göttin meiner Mußestunden,
ich bete dich an,
verehre dich,
unterwerfe mich.
Bleib an meiner Seite,
täglich,
stündlich,
immerdar.

Heilige du,
ich danke dir
für Ruhe,
Träume,
Wohlbehagen.

Bewahre mich
vor Sorgen,
Qual und Mühsal,
gib mir Frieden.

Machiavelli?
Thomas von Aquin?
Lass sie reden,
ich pfeife auf Gebote.

Freiheit
Ilona Pagel

Achtundzwanzig Jahre lebe ich,
lebe frei
nach meinem Willen.
Aufrecht,
mein Gewissen als Kompass.

Freiheit –
ich schmecke sie heute
selbstverständlicher als damals.
Damals, als ich nach ihr lechzte,
heimlich
in fremden Wörterbüchern
suchend nach mir selbst.

Auf der Straße die Mauer
der Staatsgewalt meinte,
mich schützen zu müssen
vor der Freiheit.
Die Mauer schrie ich fort
aus meiner Seele.
Ja, sogar die Mauer in meinem Kopf,
die Maske vor meinem Gesicht,
die Krücken in meinen Händen.
Der ganze Kitt brach auseinander.
Nur Kitt hielt meine Insel
und ich floh.

Freiheit –
welch ein Segen!
Nur den Segen ahnte ich,
nicht die Last.
Auszuhalten ungeliebte
Reden ohne Gewalt,
Gegenargumente suchend.
Nun bin ich frei,
frei zu bleiben, zu gehen,

frei zu reden und zu schreiben,
frei zu fragen und zu hinterfragen,
frei zu wählen.

Ja, ich darf wählen,
fällt es mir auch schwer
im Dschungel der Wirrnis.
Ich darf, selbst irren ist kein RECHTSbruch,
ein Verbrechen könnte es sein
an der Menschlichkeit – meine Wahl.

Doch was ich auch wähle,
was du auch wählst,
bedenke –
denke an die Zeit,
als mein Mund zu oft schwieg aus Angst,
meine Augen immer den Lauscher suchten,
ich nur hören, lesen, sehen durfte, was ich sollte,
die Gefängnismauern undurchdringlich,
Kunst und Wissenschaft ein Sumpf waren.

Ich wählte das Recht,
zu lieben und geliebt zu werden.
Ich wählte das Recht,
zu teilen und Teil des Ganzen zu sein.
Ich wählte meine Freiheit.

Götterdämmerung
Karlheinz Lang

Seid ihr eingebildeten Großmäuler
Nicht ewig, ja, ewig jung und ohne Frage
Stärker als unsereiner, die wir Menschen heißen?
Gängelten wir Menschenkinder euch Götter wie ihr uns,
Entzöget ihr euch, ja, erwehrtet ihr euch unsrer Machenschaften,
wehrhafter,
Als wir der euren - vorderhand!

Zumal wir uns wirklich fortwährend
Eurer Zumutungen kaum zu erwehren wagen,
Sondern uns unentwegt ihrer als billige Ausreden bedienen,
Indem wir weh, weh, weh, ach, ach, ach und och, och, och stöhnen!
Ihr also, wie gesagt, wähnt euch stärker und seid wesentlich
unverfrorener
Als wir - vorderhand!

Genug!

Ab sofort
entsagen wir
dem Stöhnen,
dem Wehklagen!
Löschen aus
das Selbstmitleid,
das Lamentieren!

Stattdessen:

Vergessend
des ewigen Triumphes
über uns,
komme für uns
die Wende,
für euch
der Untergang!

Speed of Life
Ralf Schauerhammer

Erlegen der Jagd,
dem Taumel des schnellenden Lebens,
tagtäglich gepeitscht
von tobsüchtig zuckender Zeit;
der tweed bestimmt
die Spanne der Konzentration.

Immer näher
ins Auge gerückt
dem Wirbelsturm.
Der Lebenskreis enger
und enger getaktet.
Die Welt zerfällt in
Fascettenaugenblicke.

Zerfetze Warntafeln rufen:
Entschleunigung,
Entschleunigung,
Entschleunigung...

Mückenschaum
gestrandet
an Autoscheiben,
im Livestream
gefangen.
Tunnelblick
ohne Rückschau,
ohne Rücksicht.
Roter Schein,
im gekrümmten Raum –
das eigene Rücklicht.
Ah! Schneller als Licht.

HOMOPHONE/HOMONYME

Der Blumenteich am Meer
Hans Plonka

Nicht weit vom Deich, an einem Teich,
gibts Blumen bunt, in einem Bund.
Ein eigen Reich, das schön und reich,
wächst aus dem Grund und gibt mir Grund,
so manches Mal zu einem Mahl,
in einer Welt, die Wellen wellt,
weil dort ein Wal, der ohne Wahl,
das Licht erhält, das ihn erhellt,
und immer mehr, im weiten Meer,
mit seiner Macht viel Wellen macht,
so wie ein Heer, mal hin mal her.

Teekesselchen
Heidi Pichler-Wilhelm

Hering, Kiwi, Maus und Gimpel
heißen Tiere, das ist simpel,
stecken auch in Wörterpaaren:
Heringe sind Campingwaren,
der Computer braucht die Maus,
Kiwifrüchte liebt der Klaus.
Franz, der Gimpel will nicht denken,
lässt sich von der Masse lenken
und in Cannes wie auch im Himmel,
sorgt der Star für viel Gewimmel.

Jenen Dichter mag ich gern,
Venus, Waffe, Morgenstern.
Bremsen gibt's am Badestrand,
Auto bremst am Straßenrand.

Ich beend jetzt mal den Strom
dieser Wörter auto-nom,
will mich nicht elektrisieren,
nach dem R(h)einfall nicht blamieren,
trinke lieber meine Brause,
brause dann schnell heiß zuhause.

Wie ich es auch immer wende,
Schluß, Entschluss. Ich bin am Ende!

Zehn kleine Räuberlein
Heike Schmidt

Zehn kleine Räuberlein
die mopsten sich ein Boot,
ein Mops der wollte mit hinein
und biss den Zehnten tot.

Neun kleine Räuberlein
die geben auf nichts acht,
so starb der eine und gemein,
hat nur die Acht gelacht.

Acht kleine Räuberlein
so wenig sind geblieben,
das Gold im Spind wird meines sein,
spinnt nun die böse Sieben.

Sieben kleine Räuberlein
das Gold nun mit Bedacht,
die Nummer Sieben hat allein,
den Achten umgebracht.

Sechs kleine Räuberlein
die hatten Achselschweiß
der Fünfte dachte sich wie fein,
das ich nicht Axel heiß.

Null kleine Räuberlein
nur Mops in einem Boot,
dem boten sich die Räuber fein,
als Speise in der Not.

Carnivoren
Heliane Meyer

Es fragte sich der Schänkenwirt,
welch Fleischstück heut gebraten wird,
beäugte die noch leere Waage,
erträumte einen Schinken vage.

Vom Weib bekam er heute Schelte,
als grad der Bürgermeister schellte.
Der war ein schlechtgelaunter Este
und trug ein Bündel trockner Äste.
Er winkte eitel aber lax
mit einem ausgewachsnen Lachs,
bewegte sich jedoch gewandt
in seinem edlen Stadtgewand.
Stand grimmig zwischen Tür und Angel -
der Schänkenwirt ergriff die Angel
und zerrte damit auf der Stelle
den Burschen in die Schlachteställe.

Dort nahm er einen großen Rechen,
konnt gar nicht aufhörn, sich zu rächen.
Sehr schade wars ums feine Hemd -
es hat ihn keineswegs gehemmt.

Er klaubte eine Handvoll Werg
und ging gelassen an sein Werk;
er wusch damit, als wärs ein Schwamm,
bis dass die Rinne überschwamm.

Er war am Walten und am Schalten,
als Laute her vom Stalltor schallten
und er erfreut sein Weib erkannte -
da fiel der Este von der Kante.
„Pass auf, und schone seine Häute,
wir haben einen Gast für heute.
Vorbei kam nämlich Knut, dein Vetter,
mein Gott, der wird ja immer fetter,
er bleibt zum Essen dieses Mal,
und freut sich auf das frische Mahl".
„Zunächst ist dieser Kerl voll Mist,
komm hilf mir, weil er schwerer misst.
Am besten, packst am Stiefelschaft,
wir habens letztens auch geschafft".

Im Wirtshaus
Ilona Pagel

Von meiner Mutter gab es Schelte,
als Paps sie zärtlich lächelnd küsste.
Die Haustürklingel Dingdong schellte,
der Nachbar war es von der Küste.

Er brachte zwei recht große Aale,
so dick wie Sönkes Kinderarm.
Er wollt sie tauschen gegen Ahle
vom Schuster Franz, der war sehr arm.

Den trafen wir wie stets beim Wirt.
Soeben kam der Kurt vom Feld
und fragte: „Ob der Kohl noch wird,
wenn Regen wie aus Eimern fällt?"

Der eine Tisch bestellte Pils,
bekam es gänzlich ohne Blume.
Der Bruno sprach vom Suppenpilz,
er fand ihn neben einer Blume.

Der Eugen fiepste seine Weise,
im Gasthaus gab es einen Brand.
Sein Bub der wäre jetzt fast Waise,
ach prost, so löscht er gleich den Brand.

Der Vater machte eine Geste,
bestellte einen halben Schoppen.
Dann sagte er: "Ach bitte, gehste
mit Muttern in die Stadt zum shoppen."

Diverses Weißzeug
Karlheinz Lang

Drei Weise aus dem Morgenland,
die lebten gut, doch höchst riskant:
Sie pflegten fett zu speisen,
auf ihren langen Reisen!
-
Drei Weisen von der Waterkant,
die wurden Hits und weltbekannt.
Sie wurden einst gesungen,
von einem Wiener Jungen!

Drei Waisen aus dem Mohrenland,
die hat man jüngst zurückgesandt,
zu ihren Artverwandten!
Ob die sie wohl noch kannten?
-

Drei Weiße auf der Sonnenbank,
die träumten süß, das war riskant:
Sie sprangen auf mit roten Backen,
die glühten ihnen noch beim ...

Die Lerche
Liara Duneriano

Dort fliegt eine Lerche weit oben
hoch über der Lärche und singt
nur für ein paar Wolken die Weise,
die lieblicherweise erklingt.

Zwar lauscht im Geäst eine Taube,
doch taube ziehn Wolken vorbei.
Das Lied singt von Liebe und Hoffnung,
den Wolken ist dies einerlei.

Die Lerche senkt müde die Flügel
und setzt sich zur Taube hinab.
Im Wald wird es andächtig still,
vom Baume fällt leise ein Blatt.

Die Taube schenkt zwei weiße Federn
der traurigen Lerche zum Trost.
Ich find einen Stein auf dem Heimweg,
in Herzform ist er und bemoost.

Zuhaus nehm ich Feder und Blatt
und schreibe die traurige Weise.
Dann setz ich mich an meinen Flügel
und spiele und singe ganz leise ...

... das Lied
von Hoffnung und Liebe.

Es war wahr
Ralf Schauerhammer

Kämpfe, die sehr lange währten,
wehrten diesen fremden Werten,
dass sie angenommen werden.
Heere liefen in die Leere,
angesichts der hehren Lehre,
das man nicht auf fremdem Meere
unfair seinen Reichtum mehre.
Ja, es sind recht arme Seelen,
die aus Tempeln oder Sälen
Statuen und Stelen stehlen.

Sinnitis
Ralf Leenen

Sause Sinn, sause, auf schneller Ferse zum Meer.
Dem Mimen, ihm fallen die Verse so schwer.
Statt bei der Geliebten, die er so gern küsste,
steht er an der Küste und kann nun nicht mehr.

Drehe dich, dreh dich wie Rote Funken.
Schenke ihm Willen, gar göttlichen Funken.
Lass Worte doch regnen wie Sterne an Seen,
im Lichte, da kann er kein eines mehr sehen.

Wörthersee, Wörtersee, schweige.
Bald gehen die Worte wie Farbe zur Neige.
Die Miene der Mime beim Tritt in die Mine,
er ballt seine Faust noch, ruft:
"Oh Wilhelmine!"

GEDICHT- UND STROPHENFORMEN

DITHYRAMBEN
S. 147 - 155

Allgemein
Die Dithyramben sind eine frühe Form der griech. Chorlyrik und entstanden im 7. Jh. v. Chr. in Kleinasien oder Griechenland, eine genauere Lokalisierung ist nicht bekannt. Sie galten dem unsterblichen griechischen Gott der Reben, der Ekstase, des Tanzes, des Rausches …. In ihrer Urform sollen sie ein formloser, aus einem einfachen Zuruf bestehender Kultschrei an Dionysos gewesen sein. Daraus entwickelte sich später ein Wechselgesang zwischen Chor und Vorsänger und im 6. Jh. v. Chr. die Unterscheidung beim Einzug des Chors (Parodos) zwischen Standlied (Stasimon) und dem Auszugslied (Exodos).
Aus den kultischen Ritualen entstanden die griechischen Tragödien und Komödien.

Form
Sie wird als astrophisch, polyrhythmisch und in der Handhabung mit dem Metrum mit deutlich verknappten Versen als freie Dichtung bezeichnet. Die Sprache wirkt enthusiastisch bis gehetzt, dunkel, schwer oder gehoben bzw. metaphorisch.

FREIE LYRIK
S. 93 - 100

Allgemein
Nachdem Martin Opitz 1624 die deutsche Lyrik erfolgreich reformiert und verfeinert hatte, ließen sich Neuerungen in die nun eigenständige und konkurrenzfähige Kunstdichtung integrieren; Madrigalverse, daktylische Metren kamen hinzu, Alexandriner und Sonette wurden zugunsten freierer Reimbindungen aufgegeben. Für Dramen und Lyrik entwickelten sich neue Vers- und Strophenformen, Erfahrungen im rhythmischen Umgang wurden wieder aufgenommen.
In der Goethezeit entstanden zusätzlich Vers-, Strophen- und Gedichtformen aus heimischen und ausländischen Traditionen. Die von Opitz aufgestellten Regeln zur Prosodie und Versifikation blieben jedoch bis ins 20. Jh. nahezu unangetastet.

Mit Klopstock änderten sich die vorherrschende Alternation durch wechselnde Versfüße und die strikte Opitzsche Reimbindung sowie die Prosodie. Sie wurden zugunsten einer antiken Metrik wieder aufgegeben; Odendichtung und freie Rhythmen gewannen an Bedeutung, wurden vom „Sturm und Drang" aufgenommen und sind bis in die Neuzeit beliebte Formen der lyrischen Dichtkunst geblieben.

Formen
Freie Rhythmen
Klopstock folgte mit seinen Odenstrophen den antiken Pindarschen Dithyramben und der Psalmendichtung mit hymnisch-ekstatischer Sprache und entfernte sich der strengen Opitzschen Reimbindung.
Es entstanden metrisch geregelte, rhythmisch gebundene, reimlose Verse unterschiedlicher Längen ohne feste Strophengliederung, die sich jedoch durch die Verteilung der Hebungen und Senkungen und gezielt eingesetzter Zeilensprünge deutlich von der prosaischen Lyrik unterschieden.
Freie Verse
Mit oder ohne strophische Gliederung gebaute Verse unterschiedlicher Länge; sie sind in freier Ordnung gereimt und metrisch beliebig gefüllt, meist jambisch oder trochäisch. Wie bei den freien Rhythmen wird auch hier der Zeilensprung zur Pointierung genutzt; sie unterscheiden sich also nur noch durch die Reimbindung von den f. Rh.
Konkrete Poesie
Besteht nicht aus Sätzen oder Zeilen, sie setzt auf die Vorführung bzw. grafische Darstellung metrischer Strukturen.

HEXAMETER
S. 131 - 136

Allgemein
Längster antiker Sprechvers (Epenvers, epischer Hexameter), bestehend aus sechs metrischen Einheiten (griech: hexámetron = „Sechs-Maß"). Homer (Geburtstag unbekannt, er wird zwischen 1200 und 850 v. Chr. datiert) gilt als Autor der Ilias und der Odyssee, den ersten umfangreicheren Dichtungen im Hexameter.

Vor Homer finden sich vereinzelt die Lehrgedichte des Hesiod. Sophokles (um 490 v. Chr.) schrieb bedeutende Tragödien, u. a. „Philoktetes", in Hexametern. Die ersten Überlieferungen zeigen sich sehr streng und künstlich; Homer lockerte dies durch Veränderungen hinsichtlich des Gleichmaßes der Versfüllungen.

In die römische Dichtung wurden durch Ennius (239 − 169 v. Chr.) weitere Lockerungen eingeführt, so dass sich der Hexameter vielfältiger und lebendiger gestaltete.

In Deutschland finden sich die ersten, noch gereimten Hexameter seit dem 14. Jh. als Merkverse und Kalendersprüche.

Die Schwierigkeit, den Hexameter in die deutsche Sprache zu übertragen, besteht vor allem in der unterschiedlichen Metrik. Während die deutsche Sprache akzentuiert, d.h. in ungleich betonte und unbetonte Silben unterteilt, haben sowohl die griechische als auch die lateinische Sprache eine quantitierende Metrik und unterscheiden zwischen langen und kurzen Silben.

In Frankreich und Spanien wird der Hexameter nicht verwendet, weil in beiden Sprachen sehr häufig die Endsilben betont werden; in England spielt der Hexameter keine Rolle,

Klopstock (1748-1773) setzte als erster deutscher Lyriker mit seinem „Messias" einen freieren Umgang mit den engen Regeln für die deutsche Sprache durch und wurde von Gottsched und Voss dafür heftig kritisiert. Goethe (Reinecke Fuchs, 1794; Hermann und Dorothea, 1797) und Schiller (philosophische Lyrik) hingegen nutzten die gelockerte Form. Im 19. Jh. schrieb Hebbel sein Versepos „Mutter und Kind", und im 20. Jh. nähert sich die Rhythmik des Hexameters bei Hölderlin (Hyperion) und Thomas Mann der Prosadichtung.

Form
Die antike, griech.-lat. Grundform des Hexameters ist ein aus sechs Daktylen bestehender, auftaktloser Langvers, dessen letzter Versfuß unvollständig (katalektisch) endet.

Rein daktylische Hexameter (Holodaktylen) sind äußerst selten; die Daktylen können durch Spondäen oder Trochäen ersetzt werden.

Gegliedert werden die Langverse durch Zäsuren oder Dihäresen. Die erste mögliche Zäsur befindet sich nach dem dritten Halbfuß (Trithemimeres). Nach dem fünften Halbfuß (Penthemimeres) befindet sich die weitaus häufigste Zäsur.

Nach dem siebten Halbfuß (Hephthemimeres) liegt die letzte mögliche Zäsur:.

Die genannten Zäsuren sind männlich. Eine weibliche Zäsur (auch bukolische Dihärese) kann zwischen dem vierten und fünften Versfuß eingesetzt werden.

Durch den Wechsel von Daktylen und Spondäen bzw. Trochäen und dem gezielten Einsetzen der Zäsuren bzw. Dihäresen ergibt der Hexameter ein sehr lebendiges und vielfältiges Versmaß, das auch bei stichischer Verwendung nicht eintönig wird.

Die Zäsuren sind im Hexameter festgelegt, können aber in jedem Vers anders eingesetzt werden. Wichtig ist dabei das metrische Gespür und die sprachliche Gewandtheit des Autors. Denn besonders im Hexameter fallen untypische Pausen, schlechte Formulierungen und gedrechselte Sprache negativ auf.

Zusammenfassung

- Ungereimter, in der Antike als besonders hochwertiger, heroischer Epenvers oder für Elegien angelegter Langvers, der in der Grundform aus sechs Daktylen gebildet wird und katalektisch, also immer zweisilbig endet; die letzte Silbe kann betont oder unbetont sein (syllaba anceps).
- Die Daktylen werden teilweise durch Spondäen ersetzt, in deutscher Sprache auch durch Trochäen, weil es kaum Spondäen in unserer Sprache gibt.
-Ein ausschließlich aus Daktylen gebildeter Hexameter wird als Holodaktylus bezeichnet, ein ausschließlich aus Spondäen gebildeter als Holospondäus.
-Dihäresen und Zäsuren lockern den Langvers auf. In Verbindung mit dem Pentameter ergibt sich das Distichon.

HOMOPHONE/HOMONYME
S. 157 - 166

Allgemein
Griech.: homos = gleich; onoma = Name). Dabei handelt es sich um Wörter, die in Schreibweise und Aussprache übereinstimmen, also Homonymie aufweisen, jedoch verschiedenen Ursprungs sind: Reif = Niederschlag, Reif = Ring.

Orthografisch verschiedene, jedoch gleich klingende Homonyme, wie lehren/leeren, werden als **Homophone** bezeichnet.

Gleichklingende Wörter mit verschiedener Bedeutung finden sich in allen uns bekannten Sprachen und werden häufig zu Wortspielen verwendet. In Deutschland ist das „Teekesselchenspiel" eine lustige Beschäftigung.

KEHRREIME
S. 15 – 24

Allgemein

Der Kehrreim = Refrain (lat.: refingo = brechen, anschlagen) entstand als Kunstmittel der Dichtung bereits in der Antike aus dem Wechselgesang von Vorsänger und Chor. Im MA war er fester Bestandteil des Minnegesangs, der religiösen Dichtung, des Volkslieds, der Kinder- und Tanzlieder.

Später setzten Goethe, Brentano, E.A. Poe, Garcia Lorca u.a. den K. in ihren Balladen und kunstvollen Trioletten, Rondeaus … ein.

In der dt. Lyrik des 20. Jh. verwandte besonders Brecht den Kehrreim; bekannt wurde der K. auch durch Chansons, Schlager und Pop.

Form

Der dt. Kehrreim entspricht dem frz. Refrain und ist eine regelmäßig wiederkehrende Laut- oder Wortgruppe in strophischer Dichtung ohne eindeutige Form; er kann ein Wort, eine Wortgruppe oder vollständige Strophen beinhalten. Er hat kein eindeutiges Reimschema, da er keinem fortlaufenden Muster folgt und in jedem Werk anders gestaltet sein kann.

Der **Ton-K.** besteht aus der Nachahmung von Geräuschen (Storchengeklapper, Katzenmiauen …) oder Musikinstrumenten (tröööt, tamtam) sowie aus Empfindungslauten (grrrr)

Der **Wort-K.** besteht aus einem Einzelwort, einer Wortgruppe oder ganzen Sätzen.

Beide Formen stehen meist am Strophenende, aber auch Anfangs- oder Binnenreime sind möglich und sind syntaktisch, metrisch und inhaltlich eng oder lose mit der Strophe verknüpft.

Zusätzlich wird unterschieden zwischen dem **festen K.,** bei dem der Wortlaut lose verknüpft aber unverändert in den Wiederholungen bleibt, und dem **flüssigen K.,** bei dem der Wortlaut eng verknüpft der Strophenform angepasst wird.

Kehrreime gliedern den rhythmischen Wechsel, schaffen Abrundung, Einheit und Harmonie des Inhalts und verstärken die Konzentration bzw. Aussageintensität und Einprägsamkeit eines Textes.

ODENSTROPHEN
S. 43 – 47

Allgemein

Die Bezeichnung Ode (gr. = Gesang) galt im antiken Griechenland für sämtliche zur Musik vorgetragenen Dichtungen. Unterschiede bestanden zwischen der pathet. und triadischen Chorlyrik z.B. Pindars (Ode-/Antode/Epode) und dem lyrischen, leichteren Einzelgesang z.B. Sappho *(Monodie)*. Horaz (um 100 v. Chr.), der die griech. Ode in die röm. Literatur übernahm, hob diese Trennung auf, und es entstanden monod. Formen mit deutlichen Anklängen an die kompliziertere Chorlyrik (Carmen). Mitte des 16. Jh. übernahmen französische Lyriker beide Formen, die dreigliedrige der pindarschen Lyrik und die Silben zählenden Odenmaße der Monodie; das auf Silbenquantitäten beruhende antike Prinzip Metrum wurde durch Reime ersetzt.

In Deutschland gab z.B. M. Opitz die Silbenzählung zugunsten einer akzentuierenden Metrik auf, die Art des Vortrags, der Stil und die Thematik bestimmten die Form; die triadische Ode Pindars fand Eingang in die barocke Tragödie und in die feierliche Dichtung sowie in philosoph.-moralische Themen. Die leichtere Liedform blieb in Themen wie Natur, Geselligkeit und Liebe zuweilen reimlos erhalten.

F.G. Klopstock verband die Traditionen der horazischen und der pindarschen, also die antiken Verse nach Quantitäten, mit der Rhythmisierung des deutschen Verses und prägte damit den Begriff der Ode als ein pathetisches, hohes Gedicht.

F. Hölderlin übernahm die antiken Odenmaße sowie die freie Form Pindars.

A.v. Platen gestaltete seine Oden nach horazischem Vorbild und brachte damit den leichteren Stil dieser Tradition wieder zur Geltung.

Alkäische Odenstrophen

Allgemein
Vom griechischen Dichter Alkaios um 600 v. Chr. entwickelte Strophenform, die von Horaz in die römische Lyrik übernommen und in der deutschen Literatur von Hölderlin, Klopstock u.A. (18. Jh.) eingeführt wurde.

Form
Die Strophe besteht aus zwei Elfsilblern, einem Neunsilbler und einem Zehnsilbler.

V1 und V2 stimmen metrisch überein, beginnen auftaktlos und bestehen aus zwei jambischen Versfüßen, einer Zäsur nach der fünften Silbe und einer zusätzlichen Senkung nach der dritten Hebung; darauf folgen ein Daktylus und ein vollständiger und ein verkürzter (katalektischer) trochäischer Versfuß.

V3 ist jambisch vierhebig, beginnt ohne Auftakt und enthält eine zusätzliche Senkung am Versende (hyperkatalektisch).

V4 beginnt auftaktig und besteht aus zwei Daktylen und zwei Jamben.

QUERREIME
S. 55 – 61

Allgemein
Über die Contrerime (Querreim) gibt es in der weiterführenden Literatur keine Informationen. Einzig bei Wikipedia finden sich die folgenden Hinweise:

„Ihren Namen gab Paul-Jean Toulet (1867–1920). Er ist als französischer Dichter für deren lyrische Form bekannt, weil er sie eigens herausgebildet hatte. Die französische Original-bezeichnung könnte man deshalb treffend als „Querzeiler" übersetzen."

In Deutschland ist diese Reimform weitgehend unbekannt.

Form
„Die Contrerime *ist eine besondere Form des französischen Vierzeilers. Diese meist jambische Strophenform verbindet den umarmenden Reim*

(abba) mit gekreuzter Metrik (8 Silben, 6 Silben, 8 Silben, 6 Silben). Daraus entsteht eine gezielte Asymmetrie."
Sowohl klingende als auch stumpfe Kadenzen sind möglich.
Es können auch durchgehend weitere Versfüße wie Trochäen oder Daktylen angewandt werden.

RITORNELLE
S. 63 – 68

Allgemein
Diese Gedichtform entstammt der italienischen Volksdichtung (it. ritorno = Wiederkehr). Traditionell wurde sie häufig mit lustigen oder satirischen Texten als Wechselgesang vorgetragen. Deutsche Nachbildungen dieser Kunstform (Rückert, Storm ...) widmeten sie meist der Liebes- und Gedankenlyrik.

Form
Dreiversige, häufig nur einstrophige Gedichte, in denen der erste Vers mit einem Ausruf, einer Frage, einer Aufforderung oder dem fröhlichen „Blumengruß" (Apostrophe) beginnt. Er ist deutlich kürzer, meist ein Halbvers mit nur zwei Hebungen. Für die Verse 2 und 3 werden fünfhebige Jamben (Blankverse) bzw. Endecasillabi bevorzugt. Jeweils zwei Verse sind durch Reim oder Assonanz verknüpft; häufigstes Reimschema: axa (x = Waise); weitere Möglichkeiten: aax oder xaa. Das Schema kann innerhalb eines mehrstrophigen Gedichtes variieren.

SCHILLERSTROPHEN
S. 117 – 124

Allgemein
Friedrich Schiller verwendete diese neue Strophenform erstmals 1795 in seinem didaktisch-lyrischen Gedicht „Das Ideal des Lebens". Weite Verbreitung fand sie aufgrund des strengen Schemas nicht.

Form

Jede Strophe besteht aus 10 trochäischen Versen (betonter Auftakt) mit klingenden und stumpfen Kadenzen im Wechsel. Den ersten beiden Versen im Paarreim folgen vier Verse im umarmenden Reim und vier Verse im Kreuzreim mit der Reimfolge
aa bccb dede.

SCHÜTTELREIME
S. 49 – 47

Allgemein

Über diese Spielart des Reinen Reimes finden sich nur wenige Informationen. Entstehung und Verbreitung sind unbekannt.

Die meist im Kreuzreim und im Jambus mit klingenden Kadenzen verfassten Gedichte zeichnen sich durch eine wenig verbreitete Reimform aus: Die (Anfangs-)Konsonanten der letzten beiden Silben werden miteinander vertauscht und bilden somit eine Sonderform des Doppelreims. Zuweilen reimen sich bzw. werden die Konsonanten bereits ab der dritten Silbe vor dem Versende vertauscht.

Im Internet finden sich Beispiele zu verschiedenen Gedicht- und Strophenformen. Der Inhalt ist meist auf unsinnige, lustige Aussagen begrenzt. Sehr bekannt wurde Goethes 'Faust' als Schüttelgedicht.

SONETTE
S. 33 – 42

Allgemein

Das „Kleine Tonstück/Klanggedicht" entstand Ende des 13. Jh. in Palermo und erlebte durch Meister der Sizilianischen Dichterschule wie Petrarca, Dante Alighieri und ihren Nachfolgern seine Blütezeit. Shakespeare (1564 – 1616) wandelte die strenge Form zum sog. Shakespeare-Sonett um. In Deutschland erfreute sich die Form ab dem 16. Jh. durch Gryphius, Goethe, Heine, Trakl, Schlegel, später Gernhardt etc. großer Beliebtheit.

Darüber hinaus übernahmen fast alle europäischen Lyriker diese Strophenform und entwickelten viele Sonderformen.

Form

Die klassische, italienische „Grundform" des Sonetts umfasst 14 jambische, elfsilbige Verse, die in zwei Quartette (Oktett) im umarmenden Reim (abba) und zwei Terzette (Sextett) im Kreuzreim (abab) aufgeteilt sind; Versform ist der Endecasillabo.

In der französischen Klassik wurde der Alexandriner (6-hebig) bevorzugt, in Deutschland der fünfhebige Jambus mit klingenden (11 Silben) oder stumpfen (10 Silben) Kadenzen.

Bei den klassischen Formen wiederholen sich die Reime a/d und b/c in den Quartetten.

Eine Sonderform stellt das englische Sonett dar, das drei vierzeilige, 5-hebige, jambische Strophen mit wechselnden Kadenzen im Kreuzreim umfasst (abab cdcd efef) und mit einem zweiversigen Couplet (gg) endet.

Inhalt

Die Aussage bzw. der poetische Inhalt der italienischen Grundform sind streng gegliedert: Im ersten Quartett wird eine Behauptung aufgestellt (These), im zweiten Quartett wird sie widerlegt (Antithese) und in den Terzetten werden die Widersprüche gegen einander aufgehoben (Synthese), was zu einer gedanklichen Objektivierung subjektiven Erlebens führt.

Häufig werden Sonette zu einem „Kranz" verbunden; er besteht aus 14 Einzelsonetten. Jedes Sonett beginnt mit dem Schlussvers des vorhergehenden. Aus den Schlussversen der 14 Sonette ergibt sich in unveränderter Reihenfolge das 15. oder Meistersonett.

SPENSERSTROPHEN

S. 87 – 92

Allgemein

Der englische Dichter Edmund Spenser, ein später Zeitgenosse und Vorbild Shakespeares, entwickelte im 16. Jh. aus der achtzeiligen italienischen Stanze (Ottava rima) die neunzeilige Spenserstrophe in seinem

Werk „Faerie queen" (Die Feenkönigin, gewidmet Elisabeth I). Nach seinem Tod geriet die Form in Vergessenheit und erlangte erst in der engl. Hochromantik (J. Keats, Byron) wieder größere Beliebtheit. In Deutschland konnte sich die Form auf Grund der schwierigen Reimfolge nicht durchsetzen; hier gibt es lediglich Übersetzungen aus dem Englischen.

Form

Jede Strophe besteht aus neun Versen, acht jambischen Fünfhebern, gefolgt von einem jambischen Sechsheber (Alexandriner) mit deutlicher Mittelzäsur. Das Reimschema der Spenserstrophe ist ababbcbcc. Die Kadenzen können in den Wechselreimen sowohl weiblich als auch männlich sein. Die Kadenz des letzten Verses sollte ihrem Sinn nach betont werden.

TRIOLETTE
S. 111 – 116

Allgemein

Durch dreimalige Wiederholung der Eingangszeile entstand die Bezeichnung ‚Triolet' bei der französischen, acht Verse umfassenden einstrophigen Gedichtform aus dem 13. Jh., die bis zum 16. Jh. nach und nach an Bedeutung verlor.
Im 17. Jh. wurde sie als Form des pointierten politischen Gedichts, besonders in adeligen Kreisen, wieder beliebter und es gab neben einstrophigen auch mehrstrophige Triolette.
Deutsche Nachbildungen entstanden im 18. Jh. durch Hagedorn, v.Platen, Rückert ...., bis sich die Form im 19. Jh. nachhaltig als Gedicht- und Strophenform etablierte.

Form

Sie besteht aus acht Versen mit nur zwei Reimklängen, welche die Verse miteinander verbinden. Vers 1 wird als Vers 4 und die Verse 1 und 2 wiederholen sich als Schlussverse, Reimschema: ABaA abAB. Die Verse enthalten häufig vier Hebungen (acht Silben), aber auch Langverse und deutlich kürzere Verse sind nicht selten; die Kadenzen können durchgehend klingend bzw. stumpf oder wechselnd sein.

Die Wahl der Versform bleibt frei, so finden sich Jamben, Daktylen, Amphybrachen oder Trochäen.

GLOSSAR

Abecedarium: Alle Verse eines Akrostichon beginnen oder enden fortlaufend mit den folgenden Buchstaben des Alphabets, auch verschlungene Formen sind üblich (AZBYCX); beliebt in der jüd. Liturgie.

Abgesang (Barform): Zwei metrisch gleiche Teile (Stollen) bilden den Aufgesang, ein metrisch eigenständiger Teil bildet den Abgesang (Stanze, Sonett).

Abvers (Langvers): Versmaß für längere Verse in zweiteiliger Form, die Teile sind meist gleich lang (auch An- und Abvers).

Adoneus (griech.-lat. fünfgliedriger Versfuß (xXXxx): Schluss- und Kurzvers (sapph. Odenstrophe).

Akroteleuton: (gr. = äußerstes Ende): Die Anfangsbuchstaben eines Akrostichon ergeben von oben nach unten gelesen, die Endbuchstaben von unten nach oben gelesen das gleiche Wort, den gleichen Satz oder Spruch.

Alexandriner: Gereimter, 12- bzw. 13-silbiger Vers französischer Herkunft mit stumpfen bzw. klingenden Kadenzen, mit fester Betonung auf der 6. und 12. Silbe und deutlicher Zäsur nach der 6. Silbe.

Allegorie: Personifizierung bzw. Verbildlichung eines Begriffs oder eines Vorgangs (Justitia mit Augenbinde); gedanklich-konstruktive Beziehung zwischen dem Dargestellten und dem Gemeinten.

Alliteration (lat. littera = Buchstabe): Gleichlaut des Anlauts bei betonten Silben bedeutungsschwerer Wörter, Anlautreim; Wiederkehr gleicher Anfangslaute (auch betonter Silben eines Wortes) bei aufeinanderfolgenden Wörtern.

Alternation: Durchgehende einsilblige Hebungen und Senkungen (Jambus xXxXxX, Trochäus XxXxXx).

Amphybrachys: dreisilbliger antiker Versfuß XxX, der als selbständiges Versmaß nicht belegt ist.

Anapäst: Antiker, dreisilbiger Versfuß (gr. anapaistos = rückwärts), d.h. umgekehrter Daktylus mit der Form xxX – zwei unbetonte Auftaktsilben; war gebräuchlich bei Marsch-, Schlacht-, Prozessionsliedern .....

Antithese: Gegenbehauptung, Opposition.

Antode: (gr. = Gegen-Ode, Gegengesang), Antistrophe der Chorlieder in altgr. Tragödien.

Anvers: Siehe Abvers.

Aphorismus: Überspitzte, überraschende, auch witzige Formulierung eines Gedankens; geistreiche Zusammenfassung des bereits Gesagten.

Apostrophe: (gr. Abwendung, Wegwendung), rhetorisches Stilmittel.

Archilochius: Versform, von Archilochos entwickelt, von Horaz teilweise übernommen.

Asklepiadeus: Zwölfsilbliger, antiker Vers.

Assonanz: Gleichklang meist am Versende, auf die Vokale zweier oder mehrerer Wörter beschränkt.

Aufgesang: Siehe Abgesang.

Auftakt: Anakrusis; Metrisch fester oder rhythmisch freier Verseingang; = auftaktig (xX); auftaktlos (Xx).

Ballade: Tanzlied, Heldenlied, Erzähllied.

Binnenreim: Zäsurreim, Mittelreim, innerer Reim; Reim innerhalb eines Verses (Heine: Sie blüht und glüht und leuchtet ....;Die Lotosblume').

Blankvers: Versmaß englischer Herkunft; fünfhebig, jambisch, ungereimt, mit weiblichen oder männlichen Kadenzen.

Carmen: Rundgedicht. In der klass. lat. Zeit allgemeine Bezeichnung für Oden bzw. lyrische Gedichte; im MA für Gedichte weltlichen oder geistlichen Inhalts.

Coda: Bindeglieder zwischen den Strophen durch bestimmte Wiederholung und Anordnung.

Conclusio: Schlussteil einer Rede; abgerundete (geschlossene) Formulierung eines Gedankens.

Couplet: Verspaar.

Daktylus: Dreihebiger Versfuß der Form XxxXxxXxx.....

Dihärese: Zerlegung einer Lautfolge; Verseinschnitt, der mit einem Versfuß zusammen fällt.

Dipodie: Zwei zu einer metrischen Einheit zusammengefasste Versfüße.

Distichon (griech. dis = zwei Mal, stichos = Reihe), (Vers)Zeile; Gedicht oder Strophe bestehend aus zwei Versen, Hexameter und Pentameter.

Dithyramben: Antike, astrophische, meist polyrhythmische, hymnischekstatische (Chor-)Lieder zu Ehren des griechischen Gottes der Trauben, der Freude und der Ekstase (Dionysos).

Elegie: Formal ein Gedicht beliebigen Inhalts in elegischen Distichen; inhaltlich ein Gedicht in verhaltener Klage oder wehmütiger Resignation.
Endecasillabo: Elfsilbler mit klingender Kadenz und einer beweglichen Betonung der 4. und 6. und einer festen Betonung auf der 10. Silbe.
Endreim: Übereinstimmung der Auslaute eines Verses unter Einschluss der Vokale.
Enjambement: Zeilensprung.
Epigramm: Sinngedicht mit überraschender, geistreicher Pointe.
Epistel: Besondere Form der Dichtung, dem Briefgedicht ähnlich; im Stil plaudernd oder satirisch, philosophisch oder belehrend.
Epode: „Das Dazugesungene", Bezeichnung für einen kurzen Vers, der in einem Distichon auf einen längeren folgt; Bezeichnung der dritten Strophe, die im griech.-triadischen Chorlied abweichend im Rhythmus auf Strophe und Antistrophe folgt.
Epos (griech. „das Gesagte", „das Berichtete"): Erzählende Dichtung in gleichartig gebauten Versen oder Strophen, meist mehrere Teile umfassend; gehobene Sprache, typische Gestaltung (Wiederholungen, Gleichnisse, epische Breite).

Freie Rhythmen: Metrisch geregelte, rhythmisch gebundene, reimlose Verse unterschiedlicher Längen ohne feste Strophengliederung.
Freie Verse: Mit oder ohne strophische Gliederung gebaute Verse unterschiedlicher Länge; sie sind in freier Ordnung gereimt und metrisch beliebig gefüllt, meist jambisch oder trochäisch.

Glykoneus: Antiker, lyrischer Vers, in der Grundform achtsilbig.

Hakenstil: Bogenstil; Mittel zur Verknüpfung von Langzeilen; stilist. Eigenschaft der Stabreimdichtung.
Halbfuß: Zwei betonte Silben (Längen) oder zwei unbetonte Silben

(Kürzen) gelten als Halbfuß. Ein Daktylus (Xxx), der aus drei Silben besteht (1 Länge, 2 Kürzen), hat also zwei Halbfüße.

Hebung/Senkung: Bezogen sich zunächst auf das Aufheben und Niedersetzen der Füße bei Tanz, auf das Heben und Senken der Stimme beim Vortrag, später auf das Auf und Ab des Taktstocks. Mit arsis werden die leichten, schwachen bzw. kurzen Silben bezeichnet, mit basis entsprechend die schweren, starken bzw. langen Silben. Hebungen sind meist einsilbig, Senkungen ein- oder mehrsilbig.

Hebungsprall: Zwei aufeinander folgende Hebungen innerhalb eines Verses.

Hemipes: Halber Hexameter

Hexameter: Antiker Langvers, bestehend aus sechs Verfüßen (Daktylen), die durch Trochäen bzw. Spondeen ersetzt werden können; der letzte Versfuß ist immer zweisilbig.

Hymne: In allen Kulturen zu findender feierlicher Lob- und Preisgesang meist religiösen Ursprungs.

Iktus: Metrische Auszeichnung der Hebungen in fußmetrisch geregelten Versen.

Invektive: Schmähschrift, Beschimpfung, die sich nicht nur gegen Personen sondern auch gegen Dinge richtet.

Isometrie (gr. isos = gleich, metron = Maß): Bezeichnung für gleich lange Verse hinsichtlich Silben-, Hebungs- und Taktzahl.

Jambus: Zweisilbliger Versfuß der Form xXxXxX.....

Kadenz: Versschluss bzw. Silbenfall am Ende eines Verses. Unterschieden werden weibliche (klingende) und männliche (stumpfe) Kadenzen. Die weibliche Kadenz ist zweisilbig (Hebung und Senkung), die männliche Kadenz ist einsilbig (Hebung).

Katalektisch (griech. = vorher aufhörend): Bezeichnung für unvollständigen Versfuß, der bis auf eine oder zwei Silben gekürzt ist (vergl. akatalektisch, hyperkatalektisch); Verkürzung eins Versfußes am Ende eines Verses um mindestens ein Element.

Kehrreim: Wiederkehrender Reim meist am Ende eines Verses.

Koda: Auslaut einer Silbe (ital:. coda = Schwanz).

Kolon: Durch mögliche Pausen (graphisch oft durch Satzzeichen) begrenzter Teil eines Satzes = Zäsur bzw. Dihärese.

Kreuzreim: Wechselreim ab ab (cd cd) ..., häufige Reimstellung.

Langvers: Vers mit mehr als 5 - 6 Hebungen; wird durch Zäsuren strukturiert.

Leoninische Reime: Daktylischer Hexameter mit Zäsurreim, bei dem sich Versende und Zäsur nach dem 5. halben Versfuß reimen.

Madrigalverse: "Faustverse", Gedicht- bzw. Versform mit variabler Länge, Hebungszahl und Reimstellung.

mengtrittig: Kombination verschiedener Versfüße, meist zwei- oder dreisilbig.

Mesostichon: (gr. mesos = mitten): Die in der Mitte des Verses eines Akrostichon stehenden Buchstaben ergeben von oben nach unten gelesen das gleiche Wort, den gleichen Satz oder Spruch; selten.

Metapher: Bildliche Übertragung zwischen ähnlichen Gegenständen bzw. Erscheinungen.

Metrik (Kunst des Messens): Erfassung der quantitativen und qualitativen Silbenabfolgen; metrische Grundeinheit ist der Vers.

Metrum: Versmaß, Regeln zur Bestimmung der Art des metrischen Systems, der Anzahl der Silben, die Ordnung der Größen sowie die Bindung der Reime.

Monodie: Einzelgesang; in der altgriech. Lyrik das zu Instrumentalbegleitung vorgetragene Sololied in Elegien, Oden.

Notation: Qualitatives oder quantitatives schriftliches Festhalten von Dingen oder Bewegungsabläufen durch Symbole (Lyrik = xX).

Ode: Lied, Strophenmaß der altgriechischen Lyrik.

Oktett: achtzeiliger Teil eines Gedichts.

Paarreim: Häufigste Reimbindung der volkstümlichen Dichtung: aa bb cc

Pentameter: Antiker Versfuß, bestehend aus 6 quantierenden Daktylen und einer festen Dihärese nach der dritten Hebung, die den Vers in zwei dreifüßige Halbverse (Tripodien) trennt; nur in Verbindung mit dem Hexameter als zweiter Vers des Distichons.

Pherekrateus: Achtsilbliger, antiker griech. Vers.

Phonetik: Wissenschaft vom Sprachschall, seiner Erzeugung und seiner Verarbeitung.

Prosodie: Versifikation, Teil der Metrik (s.d.), Unterscheidung zwischen „schweren" und „leichten" Silben.

Quartett: Vierversiger Abschnitt eines Gedichtes, Strophe.

Refrain (Kehrreim): Regelmäßig wiederkehrende Laut- oder Wortgruppe in strophischer Dichtung. Der Umfang reicht von einem Wort bis zu mehreren Versen bzw. Sätzen, befindet sich meist am Strophenende.

Reiner Reim: Auch Vollreim; Übereinstimmung mindestens zweier Wörter vom letzten betonten Vokal des vorhergehenden Verses an (mein : dein); abzugrenzen vom unreinen Reim (fließen : grüßen)

Satire: Kunstform, mit der die Wirklichkeit nicht direkt sondern indirekt und spöttisch beschrieben wird.

Settenario: Siebensilbliger Vers.

Sextett: sechszeiliger Teil eines Gedichtes.

Siziliane: Sizilianische Sonderform der Stanze mit nur zwei Reimklängen.

Spondeus: Seltener, antiker Versfuß, bestehend aus zwei langen Silben (xx/XX).

Stichisch: Nicht mit anderen Versmaßen kombinierte Verwendung.

Syntax: Satzlehre; Bau und Gliederung des Satzes.

Synthese: Zusammenfassung.

Telestichon (gr. télos = Ende): Die am Ende der Verse eines Akrostichon stehenden Buchstaben ergeben von oben nach unten bzw. von unten nach oben gelesen das gleiche Wort, den gleichen Satz oder Spruch.

Terzett: Dreiversiger Abschnitt eines Gedichtes, dreizeilige Strophe.

Tetrameter: Ein aus vier metrischen Einheiten (Versfüßen, Dipodien) bestehender Vers

These: Behauptung, Leitsatz.

Triade: „Dreiheit", in der griech. Lyrik Gruppe aus drei Strophen, der Strophe, einer nach gleichem Schema gebauten Gegen- bzw. Antistrophe und einem metrisch davon deutlich abweichenden Abgesang.

Trimeter: In der antiken Metrik ein aus drei metrischen Einheiten (Versfüßen, Dipodien = Doppelversfuß: Zwei zu einer metrischen Einheit zusammen gefasste Versfüße) bestehender Vers.

Trochäus (Tänzer, Läufer): Zweisilbiger, antiker Versfuß der Form XxXxX.....

Umarmender Reim: Auch Spiegelreim, umschließender Reim abba ..., Wechselreim bei vierversigen Strophen.

Vagantenlyrik: Heitere, spöttische Texte, Satiren, Parodien, auch Sinnliches und Bettellieder, Kunst der Vaganten (der „Umherstreifenden") im MA; bekannteste Sammlung: Carmina Burana.

Vers commun: (frz. = gewöhnlicher Vers): jambisch alternierender 10-Silbler mit männlicher Kadenz bzw. 11-Silbler mit weiblicher Kadenz und regelmäßiger Zäsur nach der vierten Silbe (2. Hebung).

Verseingang (Auftakt): Eine oder mehrere unbetonte Silben, die vor der ersten Hebung liegen.

Versfüllung: Bez. für Hebungen/Senkungen zwischen Auftakt und Kadenz.

Versfuß: Kleinste Einheit des metrischen Schemas eines Verses; Unterscheidung der Silbentypen lang – kurz (antike Lyrik) bzw. betont – unbetont (german. Sprachen); in einem Vers wiederkehrende Elemente, vor allem Jambus (xXxXxX), Trochäus (XxXxXx), seltener Daktylus (XxxXxxXxx); Kombination mehrerer Versfüße siehe „mengtrittig".

Versifikation: Lehre von den Versfüßen.

Versschluss (Kadenz): Ende eines Verses; klingend (weiblich), stumpf (männlich).

Waise: Reimloser Vers innerhalb oder am Ende einer gereimten Strophe.

Zäsur: Ein durch ein Wortende oder eine betonte Silbe bestimmter Einschnitt, meist in längeren Versen; unterscheide feste und frei bewegliche Zäsuren.

Quellennachweise

Wolfgang Kayser, Kleine deutsche Versschule, UTB,
ISBN 978-3-1727-3
F.G. Jünger, Rhythmus und Sprache im Deutschen Gedicht, Cotta Verlag,
ISBN 3-608-95489-9
Chr. Wagenknecht, Deutsche Metrik, C.H. Beck Verlag,
ISBN 798-3-406-55731-6
H.J. Frank; Handbuch der deutschen Strophenformen, UTB für
Wissenschaft, ISBN 3-8352-1732-9
J.B. Metzler; Literatur-Lexikon, J.B. Metzlerverlag,
ISBN 978-3-476-02287-5